Wir neu A1

Grundkurs Deutsch für junge Lernende

Lehrbuch mit Audios

Ernst Klett Sprachen
Stuttgart

Wir neu A1
Grundkurs Deutsch für junge Lernende

Symbole im Buch

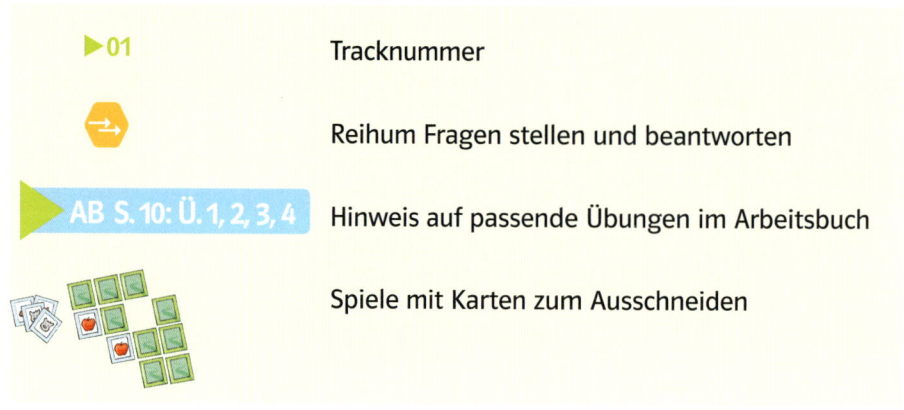

▶01	Tracknummer
⇄	Reihum Fragen stellen und beantworten
AB S. 10: Ü. 1, 2, 3, 4	Hinweis auf passende Übungen im Arbeitsbuch
	Spiele mit Karten zum Ausschneiden

 Der Umwelt zuliebe!

Zu diesem Buch gibt es Audios, die mit der Klett-Augmented-App geladen und abgespielt werden können.

| Klett-Augmented-App kostenlos downloaden und öffnen | **Seiten mit Audios** scannen | Audios laden, direkt nutzen oder speichern |

Scannen Sie diese Seite für weitere Komponenten zu diesem Titel.

Apple und das Apple-Logo sind Marken der Apple Inc., die in den USA und weiteren Ländern eingetragen sind. App Store ist eine Dienstleistungsmarke der Apple Inc. | Google Play und das Google Play-Logo sind Marken der Google LLC.

1. Auflage 1 ^{11} ^{10} ^{9} | 2024 23 22

Alle Drucke dieser Auflage können nebeneinander benutzt werden, sie sind untereinander unverändert. Die letzte Zahl bezeichnet das Jahr des Druckes.

Das Werk und seine Teile sind urheberrechtlich geschützt. Jede Nutzung in anderen als den gesetzlich zugelassenen Fällen bedarf der vorherigen schriftlichen Einwilligung des Verlages.

© Loescher Editore S.r.L., Torino, erste Ausgabe 2002, Giorgio Motta, Wir
   Für die internationale Ausgabe © 2015 Ernst Klett Sprachen GmbH, Stuttgart (erste Ausgabe 2003)

Internetadresse: www.klett-sprachen.de

Bearbeitung und Redaktion: Eva-Maria Jenkins-Krumm, Wien; Coleen Clement, Berlin; Ondrej Kotas, Berlin
Umschlaggestaltung, Layoutkonzeption: Sigi Hasel, designcomplus, Weilheim / Teck
Illustrationen: Agge Schlag, Köln
Herstellung, Gestaltung und Satz: Katja Schüch, Kirchheim / Teck; Regina Krawatzki, Stuttgart
Reproduktion: Meyle + Müller GmbH + Co.KG, Pforzheim
Druck und Bindung: Elanders GmbH, Waiblingen

ISBN 978-3-12-675900-7

Modul 1: Ich, du, wir ...   Seite 7

Lektion 1:	Kommunikation	Grammatik	Texte, Spiele, Lieder	Seite 8
Hallo!	• Hallo, wie heißt du? • Grüß dich, wer bist du? • Wie alt bist du? • Zählen von 1 - 20	• Präsens von *heißen* und *sein*: 1. + 2. Person Singular • Aussagesatz • Fragesätze: *Wer? Wie?*	• Wir stellen uns vor. • Würfelspiel • Dialogpuzzle • Lied: *Hallo, Leute, guten Tag!*	

Lektion 2:				Seite 14

Das ist meine Familie	• Das ist meine Familie.
	  Das ist mein Vater,
	  das ist meine ...
	• Das ist der Onkel von ...
	• Wie heißt deine Schwester? – Sie heißt Tina.
		• Präsens von *heißen* und *sein*:
		  3. Person Singular + Plural
		• Personalpronomen 3. Person Singular + Plural
		• der bestimmte Artikel *der, die/die* (Plural)
		• die Präposition *von*
		• Possessivartikel: *mein/meine, dein/deine*
			• Familienfoto erklären
			• Stammbaum
			• Familien-Memory
			• Kreuzworträtsel
			• Lied: *Das ist meine Tante Frieda ...*	

Lektion 3:				Seite 20
Hast du Geschwister?	• Hast du Geschwister? – Ja, ich habe eine Schwester. • Ich habe keine Kinder. • Ich bin nicht verheiratet. • Wie ist ...? Sie/Er ist nett. • Wie ist deine Telefonnummer? • Wie heißen Sie? • Wie alt sind Sie? • Zählen von 21-1000	• Präsens von *haben*: 1. und 2. Person Singular • die höfliche Form *Sie*	• Buchstabenspiel • Interviews • Zickzack-Dialog • Lied: *Hast du Geschwister? – Ja, eine Schwester.*	

Lektion 4:				Seite 27
Wo wohnt ihr?	• Wie viele seid ihr zu Hause? • Wo wohnst du?/Wo wohnt ihr? – In Augsburg. • Wo liegt das? Wie ist deine Adresse? • Hast du auch eine E-Mail-Adresse?	• Präsens der Verben *sein, wohnen, heißen* • Fragesätze: *Wer? Wie? Wie alt? Wie viele? Wo?* (W-Fragen) • Fragesätze: *Hast du ...?* (Ja/Nein-Fragen) • Fragewort: *Wo?* • Präpositionen *in, bei*	• Interview • Landkarte • Städte-Memory • Dialogpuzzle • Auskunft	

Wir trainieren ...   Seite 34
• hören: Kurzinterviews: Was stimmt?
• lesen: Zwei junge Leute stellen sich vor: Was stimmt?
• schreiben: Leute vorstellen; die eigene Familie vorstellen
• sprechen: Minidialoge mit Karten; Zickzack-Dialog

Grammatik   Seite 38
1. Verben Präsens (1) • 2. Personalpronomen (1) • 3. du-Form/höfliche Form • 4. Aussagesatz • 5. Fragesätze • 6. Das Fragewort *wer?* • 7. Die Präpositionen *in, bei, von* • 8. Der bestimmte Artikel • 9. Der Possessiv-Artikel (1) • 10. Die Zahlen

Teste dein Deutsch: Wortschatz und Grammatik   Seite 42

Modul 2: Bei uns zu Hause Seite 43

Lektion 1:	Kommunikation	Grammatik	Texte, Spiele, Lieder Seite 44
Das Haus von Familie Weigel	• Das ist die Küche. Sie ist praktisch. • Wie ist das Wohnzimmer? – Es ist gemütlich. • Ist das ein Bett? – Nein, das ist kein Bett (, sondern ein Sofa). • Was ist das? – Das ist …	• bestimmter und unbestimmter Artikel *der, die, das, die ein, eine, ein, –* • Negation *nicht/kein* • Fragewort *Was (ist)* …? • Demonstrativprononmen: *Das (ist)* …	• Wohnungsbeschreibung • Ratespiel • Farbenspiel • Möbel-Memory • Silbenrätsel • Lied: *Na, was ist denn das? – Eine Lampe?*

Lektion 2:			Seite 52
Ein Besuch	• Wie geht's dir? • Wie geht's Ihnen? • Mir geht's gut, danke. • Was möchten Sie trinken? – Ich möchte eine Tasse Kaffee. • Und was trinkst du? Eine Cola? – Nein, ich trinke lieber ein Glas Milch.	• Formen von *möchte*: • Was möchtest du / möchten Sie essen? – Ich möchte einen / eine … • Ich möchte lieber … • Personalpronomen: *mir, dir, Ihnen*	• Begrüßung • einem Gast etwas anbieten • Dialogpuzzle • Lied: *Hallo, Jakob*

Lektion 3:			Seite 58
Mautzi, unsere Katze	• Hast du Haustiere? – Ja, ich habe eine Katze / einen Hund. • Magst du Tiere? • Meine Katze mag Milch.	• Präsens von *mögen* • Präsens von *haben* • Akkusativ: unbestimmter Artikel, Negation unbestimmter Artikel	• Tier-Memory • Rätsel • Kartenspiel • Interview • Märchen: *Rotkäppchen* • Bildertext • Lied: *Hast du Tiere?*

Lektion 4:			Seite 66
Die Nachbarn von Familie Weigel	• Woher kommen Sie? – Ich komme aus Spanien. • Was spricht man in der Schweiz? – Deutsch, Französisch und Italienisch. • Was spricht Pedro?	• Präsens von *sprechen* • Ländernamen, Sprachennamen • Fragewort: *Woher?* • Präposition *aus / aus der*	• Personenbeschreibung • Ratespiel • Länder-Memory • Sätze bauen • Interviews • Lied: *Sprechen Sie ein bisschen Deutsch?*

Wir trainieren … Seite 74

- hören: Fragen und Antworten zuordnen; Kurzinterviews: Was stimmt?
- lesen: Zwei junge Leute stellen sich vor: Was stimmt?
- schreiben: Das eigene Zimmer beschreiben; Dialog ergänzen; jemanden vorstellen
- sprechen: Minidialoge mit Karten; Zickzack-Dialog

Grammatik Seite 78

1. Personalpronomen (2) • 2. Bestimmter und unbestimmter Artikel • 3. Die Fragewörter *wer?* und *was?* • 4. Wie geht's? • 5. Satzstruktur • 6. Ich möchte … • 7. Nominativ und Akkusativ (1) • 8. Die Negation *nicht/kein* (1) • 9. Das Verb *mögen* • 10. Das Fragewort *woher?* und die Präposition *aus* • 11. *man* • 12. Verben: Präsens (2)

Teste dein Deutsch: Wortschatz und Grammatik Seite 84

Modul 3: Alltägliches   Seite 85

Lektion 1:	Kommunikation	Grammatik	Texte, Spiele, Lieder Seite 86
Was isst du in der Pause?	• Was isst und trinkst du in der Pause? – Ich esse einen Apfel. Ich trinke einen Saft. • Möchtest du einen Joghurt? – Nein, keinen Joghurt. • Ich habe (keinen) Hunger / Durst. • Was nimmst du? • Was kostet … ?	• Präsens von *essen* und *nehmen* • Akkusativ unbestimmter Artikel • Negation unbestimmter Artikel *kein, keine, kein*	• Artikelspiel • An der Wurstbude • Speisekarte • Lied: *Keinen Apfel, bitte!*
Lektion 2:			Seite 93
Meine Schulsachen	• Was hast du in deinem Mäppchen? • Brauchst du den Textmarker? • Was ist dein Lieblingsfach? • Wie findest du Mathe? • Was hast du am … ?	• Präsens von *brauchen* und *finden* • Akkusativ bestimmter Artikel • Pluralbildung • Temporal-Ergänzung: *am Montag, …*	• Silbenrätsel • Buchstabenspiel • Artikelspiel • Tinas Stundenplan • Lied: *Hast du alles mit?*
Lektion 3:			Seite 100
Was gibt es im Fernsehen?	• Siehst du gern fern? • Wie viele Stunden pro Tag? • Von wann bis wann? • Was gibt es im Fernsehen? – Es gibt … • Wann gibt es … ? • Was ist deine Lieblingssendung? • Wie findest du den Film? – Ich finde ihn lustig.	• Präsens von *sehen*: • *es gibt* + Akkusativ • Personalpronomen: Akkusativ 3. Person Singular + Plural • Uhrzeiten offiziell • Temporal-Ergänzung: *um 13.30 Uhr* • Fragewörter: *Wann? Um wie viel Uhr?* • Wortkombinationen	• Fernsehprogramm (Ausschnitt) • bekannte Fernsehsendungen • Fernsehsendungen auswählen • Adjektive finden
Lektion 4:			Seite 107
Um wie viel Uhr stehst du auf?	• Wie viel Uhr ist es? • Wie spät ist es? • Um wie viel Uhr stehst du auf? – Um halb acht. • Wohin gehst du am Montag? – Ich gehe ins Schwimmbad. • Was machst du am Sonntag? – Ich fahre nach München.	• Präsens von *fahren* • trennbare Verben • Fragewort: *Wohin?* • Präposition: *in* + Akkusativ • Uhrzeiten privat • Temporal-Ergänzungen mit *am, um* • temporale Fragewörter: *Wann? Wie lange? …*	• Tinas Tagesablauf • Tinas Wochenplan • der eigene Wochenplan • Interview mit Martina • Lied: *Was machst du um sieben Uhr?*

Wir trainieren …   Seite 114

- hören: Kurzinterviews: Was stimmt?; Texte auf dem Anrufbeantworter
- lesen: Anzeigen am Schwarzen Brett: Was stimmt?; Pro und kontra Fernsehen: Was stimmt? Die Geschichte von Franz Tutnix: Fragen zum Text
- schreiben: Auf eine E-Mail antworten
- sprechen: Minidialoge mit Karten; Zickzack-Dialog

fünf 5

Grammatik	Seite 120

1. Verben Präsens (3) • 2. Plural • 3. Das Verb *brauchen* • 4. Nominativ und Akkusativ (2) • 5. Negation: *nicht/kein* (2) • 6. Personalpronomen (3) • 7. es gibt • 8. Die Uhrzeit • 9. Temporal-Ergänzung mit *um, am* • 10. Temporale Fragewörter • 11. Trennbare Verben • 12. Die Fragewörter *wo?, wohin?* und die Präposition *in*

Teste dein Deutsch: Wortschatz und Grammatik	Seite 129
Meine Grammatikbegriffe	Seite 130
Lösungen: Teste dein Deutsch	Seite 132
Trackliste Audios	Seite 133

Kursvokabular

Diese Teile findest du in den Lektionen im Kursbuch:

Du lernst …	Du kannst …
Bausteine	Wir trainieren: hören, lesen, schreiben, sprechen
Wortschatz wiederholen	Grammatik
Aussprache / Intonation	Teste dein Deutsch!
Wir singen …	Selbstkontrolle

Diese Übungen kommen oft vor:

Hör zu.	Schreib die Wörter in dein Heft.
Hör zu und sprich nach.	Bau Sätze.
Lies und ergänze.	Spielt den Dialog.
Lies laut.	Spielt Minidialoge.
Lies den Text.	Übt zu zweit.
Reihenübung: Fragt und antwortet.	Dialogpuzzle
Fragt und antwortet wie im Beispiel.	Kreuzworträtsel
Was passt?	Buchstabenspiel
Was gehört zusammen?	Interview
Schreib Listen.	Hör das Interview zweimal.
Mach eine Tabelle.	Was sagen sie?
Ergänze die Tabelle.	Was stimmt?
Kopier die Seite. Schneide die Spielkarten aus.	

sechs

MODUL 1

Ich, du, wir …

Du lernst …

- grüßen
- dich und deine Familie vorstellen
- Fragen stellen
- Zahlen 1 – 1000
- Lieder auf Deutsch

Du lernst Familie Weigel aus Augsburg kennen.

Modul 1 — Lektion 1 — Hallo!

Hallo! Ich heiße Stefan. Wie heißt du?

Grüß dich! Ich bin Tina. Wer bist du?

Miauuuu, miauuu! Und ich heiße Mautzi.

1 Was sagen sie? Hör zu. ▶01

2 Lies und ergänze dabei.

Bausteine

grüßen	Hallo!	
	Grüß … !	
fragen	Tina:	Wer bist … ?
	Stefan:	Wie heißt … ?
sich vorstellen	Tina:	Ich bin …
	Stefan:	Ich heiße …

3 Spielt Minidialoge.

4 Reihenübung: Fragt und antwortet.

Ich heiße Tobias. Wie heißt du? → Ich heiße Markus. Wie heißt du? → …
Ich bin Andrea. Wer bist du? → Ich bin Helena. Wer bist du? → …

Heißt du Uwe? → Nein, ich heiße Markus / Ja, ich heiße Uwe.
Heißt du Monika? → Ja / Nein, …

Grammatik
Ich heiße …   Ich bin …
Du heißt …   Du bist …

5 Namen für Mädchen, Namen für Jungen: Mach zwei Listen.

Andrea	Karin	Martin	Stefan	Marion	Andreas	Simone
Gabriele	Ute	Udo	Uwe	Jörg	Ulrike	Steffi
Johanna	Jutta	Anke	Klaus	Tobias	Hans	Sabine

AB S. 5-6: Ü. 1, 2, 3

6 Hör zu: Wer ist das? ▶02

1.   2.   3.   4.

a. Petra   b. Herr Lange   c. Frau Bauer   d. Thomas

Foto 1 ist …

7 Hör noch einmal Übung 6 und sprich nach. ▶03

8 Hör zu und sprich nach. ▶04

Zahlen 0-12

0	1	2	3	4	5	6
null	eins	zwei	drei	vier	fünf	sechs

7	8	9	10	11	12
sieben	acht	neun	zehn	elf	zwölf

neun

9 Ein Spiel mit zwei Würfeln: Spielt zu zweit.
Nennt beide eine Zahl und würfelt danach. Wer ist näher dran?

10 Hör zu und sprich nach. ▶05

Zahlen 13-20

13	14	15	16
dreizehn	vierzehn	fünfzehn	sechzehn

17	18	19	20
siebzehn	achtzehn	neunzehn	zwanzig

11 Welche Zahlen hörst du? ▶06

Spiel 1:	1	2	3	4	5	6	7	8	9	10
	11	12	13	14	15	16	17	18	19	20
Spiel 2:	1	2	3	4	5	6	7	8	9	10
	11	12	13	14	15	16	17	18	19	20
Spiel 3:	1	2	3	4	5	6	7	8	9	10
	11	12	13	14	15	16	17	18	19	20

▶ AB S. 6-7: Ü. 4, 5

12 Was sagen sie? Hör zu. ▶07

13 Lies und ergänze dabei.

Bausteine

fragen	antworten
Wie alt bist du, Tina?	→ Ich …
Und du, Stefan?	→ Ich …

14 Spielt Minidialoge.

15 Reihenübung: Fragt und antwortet.

↔ Ich bin 10. Wie alt bist du? → Ich bin 11. Wie alt bist du? → …

16 Dialogpuzzle: Schreib den Dialog in dein Heft.

- Hallo!
- Grüß dich!
- Wie …

17 Spielt den Dialog.

AB S. 8–9: Ü. 6, 7, 8

elf **11**

18 Wer sind sie? Wie alt sind sie? ▶08

1.   2.   3.   4.

	1	2	3	4
Name	…	…	…	…
Alter	…	…	…	…

Wortschatz wiederholen!

19 Was passt zusammen?

1. Ich
2. Und wie
3. Hallo, ich bin
4. Und wer
5. Wie alt
6. Ich bin
7. Grüß dich,
8. Auf

a. Wiedersehen.
b. Stefan.
c. bist du?
d. Tina.
e. heiße Thomas.
f. bist du?
g. heißt du?
h. 12.

20 Spielt zu dritt: Stefan, Tina, Thomas

Hallo, ich bin …

21 Ergänze die Reihen. Lies laut.

2, 4, 6, …

3, 6, 9, …

4, 8, …

5, 10, …

▶09 **Aussprache!** Hör gut zu und sprich nach!

h:	**h**allo, **h**eiße, **H**err		**w**:	**w**ie, **w**er
ei:	h**ei**ße, zw**ei**, dr**ei**		**v**:	**v**ier, **v**iel
ie:	w**ie**, s**ie**ben		**ch**:	i**ch**, di**ch**
ü:	f**ü**nf, Gr**ü**ße		**st**:	**St**efan, **St**udent, **St**uttgart
ß:	hei**ß**e, Grü**ß**e			

Du kannst …

Freunde grüßen	Hallo! Grüß dich! ✓		
	… … …		
fragen	Wie heißt du?	*antworten*	Ich heiße … ✓
	Wer bist du?		Ich bin … ✓
	Wie alt bist du?		Ich bin elf, zwölf, … ✓
	… … …		
dich verabschieden	Tschüs! Auf Wiedersehen! ✓		
	… … …		
bis 20 zählen	eins, zwei, drei, … ✓		

▶ AB S. 9: Ü. 9, 10

▶10 **Wir singen:** Hallo, Leute

Hallo, Leute! Guten Tag!
Guten Tag, ich bin da!
Ich bin Karin aus Heidelberg. (*zweimal*)

la la la la la la la
Ich bin Karin. Wer bist du?

dreizehn 13

Das ist meine Familie

Modul 1 · Lektion 2

Das ist meine Familie.
Das ist mein Vater. Er heißt Peter.
Und das ist meine Mutter. Sie heißt Renate.
Das ist mein Bruder Stefan.
Und das bin ich!

1 Was sagt Tina? Hör zu. ▶11

2 Lies und ergänze dabei.

Bausteine

Die Familie vorstellen

Das ist **meine** Familie.

Das ist **mein** Vater. **Er** heißt …

Das ist **meine** Mutter. **Sie** heißt …

Das ist **mein** …

Das bin ich!

3 Stell Familie Weigel vor.

Das ist Familie Weigel. Das ist Herr … Das ist Frau …

4 Deine Familie: Mal den Stammbaum in dein Heft.
Klebe Fotos in den Stammbaum. Schreib die Namen dazu.

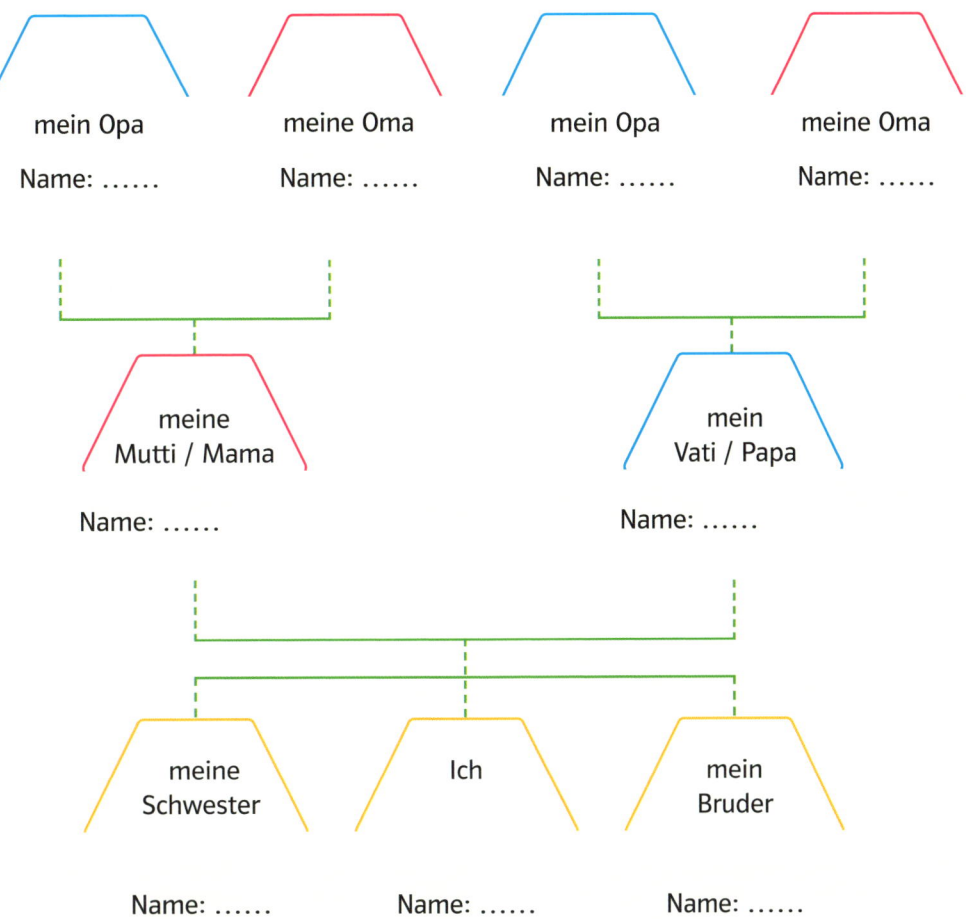

5 Stell deine Familie vor.

Mein Opa heißt …
Meine Mutter heißt …
Mein Vater …

Grammatik

m mein Vater → er
f meine Mutter → sie

6 Fragt und antwortet.

- Wie heißt deine Mutter?
- Wie heißt dein Bruder?
- Wie heißt dein / deine …?

- Sie heißt …
- Er heißt …

AB S. 10: Ü. 1

fünfzehn 15

7 **Familie Weigel – Memory.**

Kopier die Seite.
Schneide die Spielkarten aus (✂).
Viel Spaß!!

1 Franz Weigel

der Opa von Stefan und Tina

2 Berta Weigel

3 Renate + Peter Weigel

4 Eva Hoffmann

5 Hans Hoffmann

die Oma von Stefan und Tina

die Eltern von Stefan und Tina

die Tante von Stefan und Tina

der Onkel von Stefan und Tina

6 Stefan Weigel

7 Tina Weigel

8 Markus Böhm

9 Brigitte Stein

der Bruder von Tina

die Schwester von Stefan

der Freund von Stefan

die Freundin von Tina

16 sechzehn

8 Wer ist das? Übt mit den Karten von Übung 7.

- Wer ist Nummer 2?
- **Das ist** Berta Weigel. **Sie ist** die Oma von Stefan und Tina.

- Wer ist Nummer 3?
- **Das sind** Peter und Renate Weigel. **Sie sind** die Eltern von Stefan und Tina.

- Wer ist Nummer … ?
- …

AB S. 10-11: Ü. 2, 3, 4, 5

9 Was stimmt?

Tina – Schwester von Markus
- Ist Tina die Schwester von Markus?
- Nein, sie ist die Schwester von Stefan.

Renate Weigel – Mutter von Tina
- Ist Renate Weigel die Mutter von Tina?
- Ja, sie ist die Mutter von Tina.

Stefan – Bruder von Markus
Stefan – Bruder von Tina
Brigitte – Freundin von Tina
Renate Weigel – Mutter von Brigitte
Berta Weigel – Oma von Markus
Peter und Renate Weigel – Eltern von Stefan und Tina

Grammatik

m	der Vater	→	er
f	die Mutter	→	sie
Pl	die Eltern	→	sie

AB S. 11-12: Ü. 6, 7

10 Die Familie: Schreib drei Listen.

der
Opa, …

die
…

die (Pl)
Eltern, …

AB S. 12: Ü. 8

siebzehn **17**

Modul 1 — Lektion 2

11 Hör zu. Was gehört zusammen? ▶12

1. Wer ist das?
2. Wie heißt dein Bruder?
3. Wie heißt deine Schwester?
4. Ist das Markus?
5. Ist das dein Vater?
6. Ist Karin deine Tante?

a. Nein, das ist Peter.
b. Sie heißt Monika.
c. Er heißt Tobias.
d. Nein, das ist der Vater von Hans.
e. Nein, sie ist meine Freundin.
f. Das ist mein Bruder.

Grammatik
dein Bruder
deine Schwester

1	2	3	…	…
…	…	…	…	…

Wortschatz wiederholen!

12 Was gehört zusammen? Lies laut.

mein Opa   … Schwester
… Vater   … Tante
… Bruder   und   … Freundin
… Onkel   … Mutter
… Freund   *meine* Oma

13 Fragt und antwortet.

- Meine … heißt … Und deine? (Freundin / Schwester / Tante)
- Sie … Und dein … ? (Freund / Bruder / Onkel)
- Er …

14 Kreuzworträtsel.
Schreib die Wörter in dein Heft.

```
       ¹V · ⁶T · R
        ²· P ·
              N
           ⁷B · ⁸·
         ³F · E · N ·
           U       ·
           ·       E
  ⁴· C · W · S · E ·
      ⁵M · T · E ·
```

18 achtzehn

▶13 **Aussprache!** Hör gut zu und sprich nach!

schw:	Schwester, Schweiz		**ie**:	sie, die, wie
h:	Hans, Hoffmann		**v**:	Vater, vier, von
eu:	Freund, neun, deutsch		**w**:	wer, wie, Wien, Weigel
ei:	mein, dein, Weigel			

Du kannst …

deine Familie vorstellen	Das ist meine Familie.	✓
	Das ist meine Mutter. Sie heißt …	✓
	… … …	
fragen	Wie heißt dein Bruder?	✓
	Wie heißt deine Schwester?	✓
	Wer ist das?	✓
	… … …	
eine andere Person vorstellen	Das ist Markus.	
	Er ist der Freund von Stefan.	✓

AB S. 12: Ü. 9, 10, 11

▶14 **Wir singen:** Tante Frieda, Onkel Franz

Das ist meine Tan-te Frie-da. Und das ist mein On-kel Franz.
Wie heißt sie? Wie heißt er? Tan-te Frie-da, On-kel Franz.
Wie heißt sie? Wie heißt er? Sie heißt Frie-da, er heißt Franz.

Das ist meine Oma Ida.
Und das ist mein Opa Hans.
Wie heißt sie? Wie heißt er?
Oma Ida, Opa Hans.
Wie heißt sie? Wie heißt er?
Sie heißt Ida, er heißt Hans.

Das ist meine Schwester Gina.
Und das ist mein Bruder Ulf.
Wie heißt sie? Wie heißt er?
Schwester Gina, Bruder Ulf.
Wie heißt sie? Wie heißt er?
Sie heißt Gina, er heißt Ulf.

neunzehn 19

Hast du Geschwister?

Modul 1 · Lektion 3

- Stefan, hast du Geschwister?
- Und du, Karin? Hast du Geschwister?
- Und du, Tobias?
- Ja, ich habe eine Schwester.
- Ich habe einen Bruder.
- Nein, ich bin Einzelkind!

Grammatik

ich	habe
du	hast
er, sie	hat

1 Was antworten sie? Hör zu. ▶15

2 Lies und ergänze dabei.

Bausteine

Stefan, hast du Geschwister?	→	Ja, ich habe …
Und du, Tobias?	→	Ich habe …
Und du, Karin?	→	Ich bin …

… … …

Martin hat vier Geschwister, zwei Brüder und zwei Schwestern.

> Ich habe viele Geschwister: zwei Brüder und zwei Schwestern!!

Grammatik
Ich habe **ein**en Bruder.
Du hast **ein**e Schwester.

3 Reihenübung: Fragt und antwortet.

Hast du Geschwister? → Ja, ich habe einen Bruder. Und du? Hast du Geschwister? → Nein, ich bin Einzelkind. Und du? Hast du Geschwister? → Ja, ich habe …

> AB S. 13: Ü. 1

**4 Leute charakterisieren: Wie sind sie?
Fragt und antwortet wie im Beispiel.**

+	−
nett	doof
lustig	blöd
sympathisch	langweilig
freundlich	streng

- Wie ist dein Vater?
- Er ist …

- Wie ist deine Schwester?
- Sie ist …

5 Buchstabenspiel.

3 bis 4 Personen sind eine Gruppe. Schreibt die Adjektive von Übung 4 auf Karten.

NETT   DOOF   BLÖD   LUSTIG   SYMPATHISCH

Schneidet die Karten durch (). Mischt die Buchstaben.

N E T T   D O O F …

Der Lehrer / Die Lehrerin sagt ein Adjektiv. Ihr legt schnell das Wort.

> AB S. 13-14: Ü. 2, 3

einundzwanzig **21**

6 Welche Zahlen hörst du? Hör noch einmal und sprich nach. ▶16

Zahlen

21 einundzwanzig	30 dreißig	1000 eintausend
22 zweiundzwanzig	40 vierzig	2000 zweitausend
23 dreiundzwanzig	50 fünfzig	
24 vierundzwanzig	60 sechzig	
25 fünfundzwanzig	70 siebzig	
26 sechsundzwanzig	80 achtzig	
27 siebenundzwanzig	90 neunzig	
28 achtundzwanzig	100 einhundert	
29 neunundzwanzig	200 zweihundert	

7 Reihenübung: Fragt und antwortet.

⇄ Wie ist deine Telefonnummer? → Meine Telefonnummer ist 24 50 78. Wie ist deine Telefonnummer? → Meine Telefonnummer ist …

▶ AB S. 15-16: Ü. 4, 5, 6

8 Schaut die Bilder an. Fragt und antwortet wie in den Beispielen a. und b.

Opa, 74

Tina, 13

Stefan, 11

Herr Weigel, 44

Onkel Hans, 40

Tante Eva, 37

Oma, 65

Frau Weigel, 42

a. ● Wie alt ist der Opa?
   ● Er ist 74 (vierundsiebzig).

b. ● Wer ist 13 (dreizehn)?
   ● Tina.

9 Heute fragen die Kinder die Lehrerin. Hör zu. ▶19

10 Und was fragt ihr?

11 Interviews: Fragt und antwortet zu zweit oder zu dritt.

Martin Langer
48
1 Schwester
verheiratet
1 Sohn
Telefon: 48 92 16

Eva Küppers
29
Einzelkind
nicht verheiratet
keine Kinder
Telefon: 39 87 80

Hans Schulz
37
1 Bruder
verheiratet
1 Tochter, 1 Sohn
Telefon: 28 06 22

Karin Meier
28
1 Schwester
nicht verheiratet
1 Tochter
Telefon: 6 87 11

Grammatik
Wie heißen Sie?
Sind Sie verheiratet?
Haben Sie Kinder?

▶ AB S. 16-17: Ü. 7, 8, 9, 10

12 Interview: Hör zu. ▶20

a. Wer ist das?

Name	? Jens ? Jörg ? Georg	? Frau Becker ? Frau Meier ? Frau Steiner
Alter	? 13 ? 14 ? 15	? 34 ? 43 ? 44 ? verheiratet ? nicht verheiratet
Geschwister / Kinder	? einen Bruder ? eine Schwester ? zwei Brüder	? keine Kinder ? einen Sohn ? einen Sohn und eine Tochter

b. Stell die Person vor.

▶ AB S. 17: Ü. 11

13 Spielt den Dialog. Ergänzt die Antworten. Tauscht die Rollen.

- Grüß dich! Ich bin … Und wer bist du?
  - (Mareike)
- Hast du Geschwister?
  - (2, Bruder + Schwester)
- Wie heißen sie?
  - (Jan, Elke)
- Wie alt sind sie?
  - (9, 12)
- Sind sie nett?
  - …
  - (du auch Geschwister?)
- Nein, …
  - Schade!

14 Stell deinen Freund / deine Freundin vor.

(Wie heißt er / sie? Wie ist die Telefonnummer? / Wie alt ist er / sie?
Hat er / sie Geschwister? Wie sind sie? Wie sind die Eltern?)

Mein Freund / Meine Freundin heißt …

Wortschatz wiederholen!

15 Was passt zusammen? Lies laut.

	Erika.
	3 Geschwister.
Sie heißt …	verheiratet.
	einen Bruder.
Sie hat …	34.
	zwei Töchter.
Sie ist …	sympathisch.
	die Mutter von Mareike, Jan und Elke.
	einen Sohn.

16 Lies die Zahlen und Telefonnummern laut.

Zahlen: 984   4930
Telefonnummern: 98 / 456 639   0049 / 30 / 12 43 16

17 Wie sagt man in deiner Sprache?

a. Geschwister   b. Einzelkind   c. blöd   d. doof   e. nett

18 Die ganze Familie! Schreib drei Listen.

M
der …

F
die Tante, …

Pl
die …

▶22 **Aussprache!** Hör gut zu und sprich nach!

schw: Ge**schw**ister, **Schw**ester
ge: **Ge**schwister, An**ge**lika, **Ge**org
k: **K**ind, **K**arl, **K**laus
ü: f**ü**nf, M**ü**ller
ö: bl**ö**d, J**ö**rg, zw**ö**lf

ei: **Ei**nzelkind, n**ei**n, verh**ei**ratet
v: **v**on, **v**ier, **v**erheiratet
-ig: zwanz**ig**, dreiß**ig**, lust**ig**
-er: Brud**er**, Mutt**er**, Vat**er**

fünfundzwanzig 25

Du kannst …

deine Freunde fragen
Hast du Geschwister?

Wie alt ist dein Bruder?
Ist er nett?
Wie alt ist deine Schwester?
Ist sie nett?
Wie ist deine Telefonnummer?
… … …

Erwachsene fragen
Wie heißen Sie? ✓
Wie alt sind Sie? ✓
Sind Sie verheiratet? ✓
Haben Sie Kinder? ✓
Wie ist Ihre Telefonnummer? ✓

auf Fragen antworten
Ich habe einen Bruder / eine Schwester. ✓
Ich bin (ein) Einzelkind. ✓
Er ist 10. ✓
Nein, er ist doof. ✓
Sie ist 16. ✓
Ja, sie ist lustig. ✓
Meine Telefonnummer ist … ✓

AB S. 18: Ü. 12, 13, 14

▶ 23 Wir singen: Hast du Geschwister?

Hast du Geschwister? Ja, eine Schwester. Heißt sie Brigitte? Nein, nein, Annette. Ist sie sympathisch? Lustig, extravagant? Nein, nein, nein, nein, nein, nein! Sie'st so langweilig!

Hast du Geschwister?
Ja, einen Bruder.
Heißt er Sebastian?
Nein, nein, Hans-Jörg.

Ist er sympathisch?
Lustig, extravagant?
Ja, ja, ja, ja, ja, ja.
Er ist sehr lustig.

Wo wohnt ihr?

Lektion 4

Modul 1

- Stefan, wie viele seid ihr zu Hause?
- Wir sind vier: mein Vater Peter, meine Mutter Renate, meine Schwester Tina und ich.
- Wo wohnt ihr?
- Wo liegt das denn?
- Wir wohnen in Augsburg.
- In Süddeutschland, bei München.

1 Was fragt sie? Was antwortet Stefan? Hör zu. ▶24

2 Lies und ergänze dabei.

Bausteine

fragen		antworten
Wie viele	seid ihr zu Hause?	→ Wir sind …
Wo	wohnt ihr?	→ Wir wohnen in …
Wo	liegt das denn?	→ …

3 Übt zu zweit. Fragt und antwortet.

Wie viele … ? Wo wohnt ihr? Wo liegt das denn?

siebenundzwanzig 27

4 Fragt und antwortet wie im Beispiel.

> Stefan, Tina, wo wohnt ihr?

> Wir wohnen in Augsburg.

1. Stefan, Tina – Augsburg
2. Hans, Sabine – München
3. Georg, Susi – Frankfurt
4. Martin, Petra – Hamburg
5. Tina, Jörg – Wien
6. Klaus, Karin – Bonn

Grammatik

ich	wohne	ich	bin
du	wohnst	du	bist
er, sie	wohnt	er, sie	ist
wir	wohnen	wir	sind
ihr	wohnt	ihr	seid
sie, Sie	wohnen	sie, Sie	sind

5 Hör zu: Was fragt die Reporterin? ▶25
Was antwortet Tina?

> Tina, wie ist deine Adresse?

> Jakoberstraße 18.

> Hast du auch eine E-Mail-Adresse?

> Ja, tina.weigel@yahoo.de

6 Fragt und antwortet in der Klasse.

Deine Adresse? E-Mail-Adresse?

AB S. 19: Ü. 1, 2, 3

Modul 1 – Lektion 4

7 Zeig die Städte auf der Landkarte.
Fragt und antwortet dann wie in den Beispielen a. und b.

Hamburg
München — in Norddeutschland
Berlin
Frankfurt — in Mitteldeutschland
Stuttgart
Kiel — in Süddeutschland
Augsburg

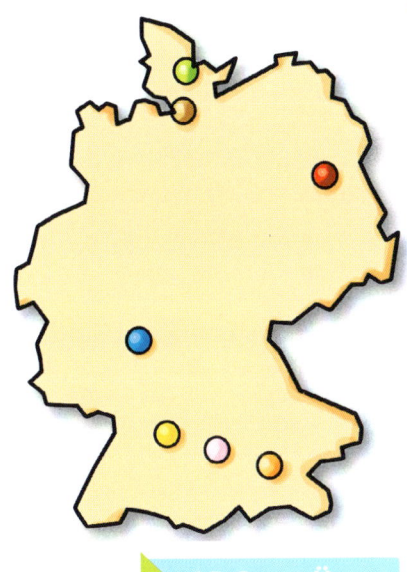

a. ● Wo liegt München?
   ● In Süddeutschland.

b. ● Wo liegt Frankfurt? In Süddeutschland?
   ● Nein, in Mitteldeutschland.

AB S. 20: Ü. 4, 5

8 Wo wohnen sie?
Fragt und antwortet wie in den Beispielen a. und b.

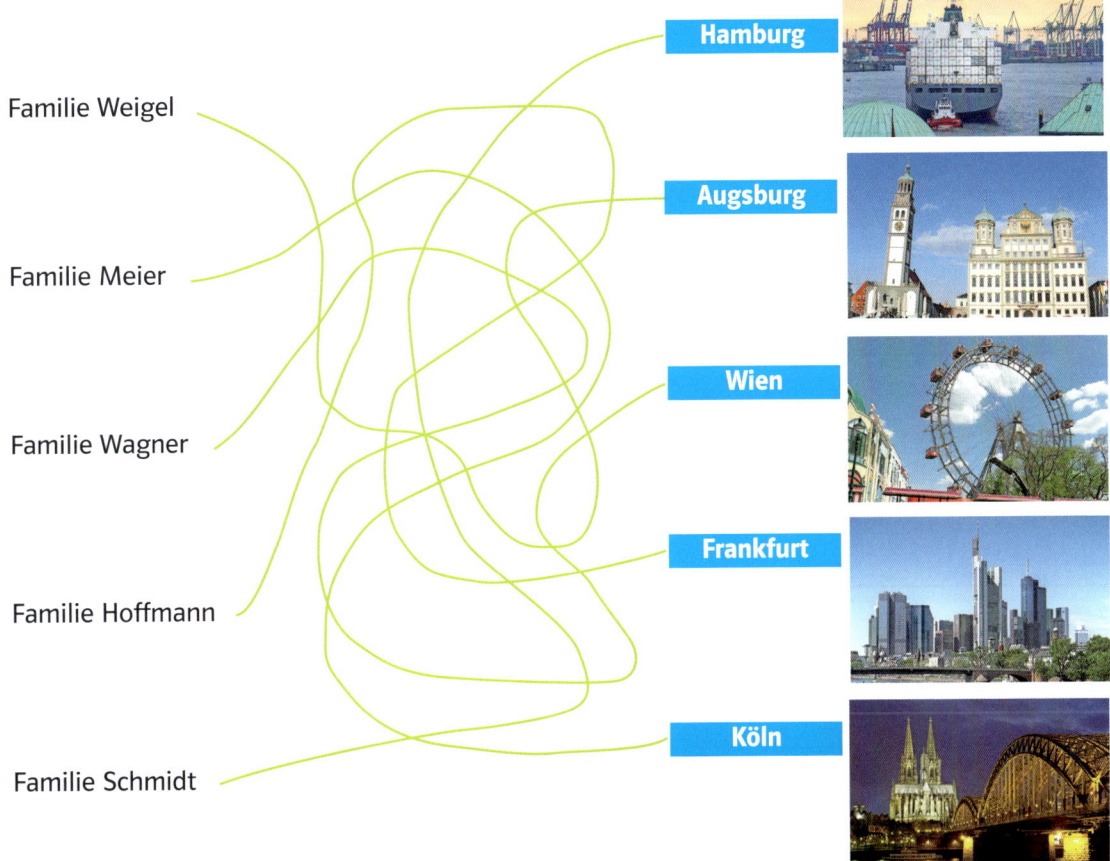

Familie Weigel
Familie Meier
Familie Wagner
Familie Hoffmann
Familie Schmidt

Hamburg
Augsburg
Wien
Frankfurt
Köln

a. ● Wo wohnen die Weigels?
   ● Sie wohnen in Augsburg.

b. ● Wohnen die Weigels in Frankfurt?
   ● Nein, sie wohnen in Augsburg.

AB S. 21–22: Ü. 6, 7

neunundzwanzig 29

9 Städte-Memory.

Kopier die Seite.
Schneide die Spielkarten aus (✂).
Viel Spaß!!

10 Wie alt sind sie? Wo wohnen sie? Haben sie Geschwister? – Hör gut zu. ▶26

12
14
15
17

Wagnerstraße 19
Adenauerstraße 10
Ludwigstraße 72
Goethestraße 20

Christian
Annette
Klaus
Karin

Einzelkind
einen Bruder
zwei Schwestern
eine Schwester

München
Frankfurt
Hamburg
Berlin

Mach eine Tabelle in deinem Heft.

	Alter	wohnt in …	Adresse	Geschwister?
Christian	…	…	…	…

11 Hör zu: Wie ist die E-Mail-Adresse? ▶27

Christian	**klausbeck@yahoo.de**
Annette	**superkarin@t-online.de**
Klaus	**Chris2000@free.de**
Karin	**Ann.Rub@hotmail.com**

12 Hör noch einmal Übung 11 und sprich nach. ▶28

13 Dialogpuzzle. Schreib den Dialog in dein Heft.

- Freising? Wo liegt das denn?
- Hallo!
- Wir sind vier: mein Vater, meine Mutter, mein Bruder und ich.
- Tschüs, Monika!
- In Freising.
- In Süddeutschland, bei München.
- Grüß dich, Monika.
- Monika, wie viele seid ihr zu Hause?
- Tschüs!
- Und wo wohnt ihr?

▶ AB S. 22-23: Ü. 8, 9

14 Spielt den Dialog.

15 Auskunft geben. Fragt und antwortet.

Name	:	Wie heißt du?
Vorname	:	…
Alter	:	…
Wohnort	:	…
Adresse	:	…
Telefon	:	…
E-Mail	:	…
Geschwister	:	…

▶ AB S. 23-24: Ü 10, 11

Modul 1 Lektion 4

16 Nimm deinen „Personalausweis" im Arbeitsbuch. Stell dich vor.

Hallo! Ich heiße … Ich bin … und wohne in …

AB S. 23 - 24: Ü. 9, 12, 13

Wortschatz wiederholen!

17 Was passt zusammen? Es gibt mehrere Lösungen.

1. Er wohnt
2. Seine Telefonnummer ist
3. Sein Vorname ist
4. Sie sind
5. Wie viele
6. Freising liegt
7. Wie ist
8. Wie heißt
9. Haben Sie
10. Ingolstadt liegt

a. in Süddeutschland.
b. sind Sie in der Familie?
c. bei München.
d. Ihre Adresse?
e. eine E-Mail-Adresse?
f. die Straße?
g. fünf in der Familie.
h. Martin.
i. 34 65 98.
j. in der Amelungstraße.

1	2	3	…	…
…	i.	…	…	…

18 Wie heißen die Städte in deiner Sprache?

München   Hamburg   Stuttgart   Köln
Augsburg   Frankfurt   Berlin   Wien

▶29 **Aussprache!** *Hör gut zu und sprich nach!*

oh: w**oh**nen, K**oh**l
ie: l**ie**gt, W**ie**n, K**ie**l
ei: b**ei**, s**ei**d, St**ei**n
eu: D**eu**tschland, Fr**eu**nd

ü: S**ü**ddeutschland, M**ü**nchen, D**ü**sseldorf
ö: J**ö**rg, B**ö**hm, **Ö**sterreich
w: **w**o, **w**ohnen, **W**eigel
v: **V**ater, **v**on

32 zweiunddreißig

Du kannst …

fragen | *auf Fragen antworten*

Wie viele seid ihr zu Hause? — Wir sind … ✓
… … …

Wo wohnst du? — Ich wohne in … ✓
Wo wohnt ihr? — Wir wohnen in … ✓
… … …

Wo liegt …? — In … ✓
… … …

Wie ist deine Adresse? — Meine Adresse ist … ✓
Hast du eine E-Mail-Adresse? — Meine E-Mail-Adresse ist … ✓
… … …

Wo wohnen die Weigels? — Sie wohnen in Augsburg. ✓

AB S. 25: Ü. 14, 15, 16

▶30 Wir singen: Wohnst du vielleicht in München?

Wohnst du viel-leicht in Mün-chen? Nein, nein, ich woh-ne in Trier. In Trier? Wo liegt das denn? Das liegt nicht weit von hier. Wohnt er viel-leicht in Frank-furt? Nein, nein, er wohnt in Mainz. Liegt das sehr weit von hier? Nein, nein, das liegt bei Trier.

dreiunddreißig 33

Modul 1 Training

hören

Wir trainieren

1 Hör das Interview zweimal. Was stimmt? ▶31

1. Er heißt Tobias.
2. Er wohnt in Freising.
3. Er ist 14.
4. Er hat einen Bruder.
5. Telefonnummer: 26783.
6. Er hat eine E-Mail-Adresse.

2 Hör das Interview zweimal. Was stimmt? ▶32

1. Sie heißt Bettina.
2. Sie wohnt in Regensburg.
3. Sie wohnt in der Königstraße 18.
4. Sie ist 13.
5. Sie hat Geschwister.
6. Telefonnummer: 57820.

3 Das ist Tony Seitz. Hör das Interview zweimal. Schreib Tonis Personalausweis in dein Heft. ▶33

Name:
Wohnort:
Adresse:
Familie:
Alter:

34 vierunddreißig

lesen

4 Annina stellt sich vor. Lies den Text.

Hallo, ich heiße Nina, eigentlich Annina, bin 13 Jahre alt und wohne in Innsbruck. Das liegt in Österreich. Meine Schwester Marion ist noch klein, sie ist erst sieben. Mein Vater ist Psychologe. Er arbeitet viel in seiner Praxis. Meine Mutter ist Deutschlehrerin.

Was stimmt?

1. Annina wohnt in Deutschland.
2. Annina ist sieben Jahre alt.
3. Annina ist ein Einzelkind.
4. Der Vater von Annina ist Psychologe.
5. Die Mutter von Annina heißt Marion.
6. Die Mutter von Annina ist Deutschlehrerin.

5 Sebastian stellt sich vor. Lies den Text.

Ich bin Sebastian und wohne in Freiburg. Ich bin 14. Ich bin ein Einzelkind, d.h. ich habe keine Geschwister. Ich wohne bei meiner Mutter. Papa wohnt jetzt in Ingolstadt: Er ist Marketingleiter bei Audi.

Was stimmt?

1. Sebastian hat eine Schwester.
2. Die Schwester von Sebastian ist 14.
3. Sebastian wohnt in Freiburg.
4. Der Vater von Sebastian wohnt in Freiburg.
5. Die Mutter von Sebastian wohnt in Ingolstadt.

fünfunddreißig

6 Lies den Text. Dann stellst du Sebastian vor. Schreib in dein Heft.

Sebastian stellt sich vor.
Ich bin Sebastian und wohne in Freiburg. Ich bin 14. Ich bin ein Einzelkind, d.h. ich habe keine Geschwister. Ich wohne bei meiner Mutter. Mein Vater wohnt in Ingolstadt. Ich habe auch eine Tante und zwei Onkel.

Das ist Sebastian. Er …

(bei meiner Mutter ➜ bei seiner Mutter: Mein Vater ➜ Sein Vater)

7 Was passt in die Lücken? Schreib die Texte in dein Heft.

Text 1:

Ich ••• Theo. Ich ••• 12. Ich ••• der Bruder ••• Alexander. Wir wohnen ••• Konstanz. Das ••• in Süddeutschland. ••• Schwester heißt Marion. ••• ist 15.

Text 2:

Das ••• Herr und Frau Weigel. Sie ••• zwei Kinder. Sie ••• Tina und Stefan. Sie ••• in Augsburg.

8 Das ist Familie Scherwitzl. Lies den Text.

Das ist Familie Scherwitzl. Sie sind fünf zu Hause.
Der Vater heißt Karl und ist 37 Jahre alt.
Die Mutter, Brigitte, ist 36 Jahre alt. Sie haben zwei Kinder: Peter, 8, und Anna, 6. Auch Tante Irene, die Schwester von Frau Scherwitzl, wohnt im Haus.
Sie ist 45. Sie ist nicht verheiratet.
Sie wohnen in Klagenfurt. Das liegt in Österreich.

Peter stellt seine Familie vor. Schreib den Text in dein Heft.

Das ist meine Familie.

Wir sind fünf zu Hause. Mein …

sprechen

9 Bildet Gruppen.
Zieht eine Karte, zum Beispiel „Vater".
Sprecht zu zweit wie im Beispiel.

Thema: *Familie*
Karte: *Vater*

Mögliche Fragen: *Wie heißt dein Vater?*
Wie alt ist dein Vater?
Mögliche Antworten: *Er heißt …*
Er ist … Jahre alt.

10 Spielt den Dialog: Fragt und antwortet.

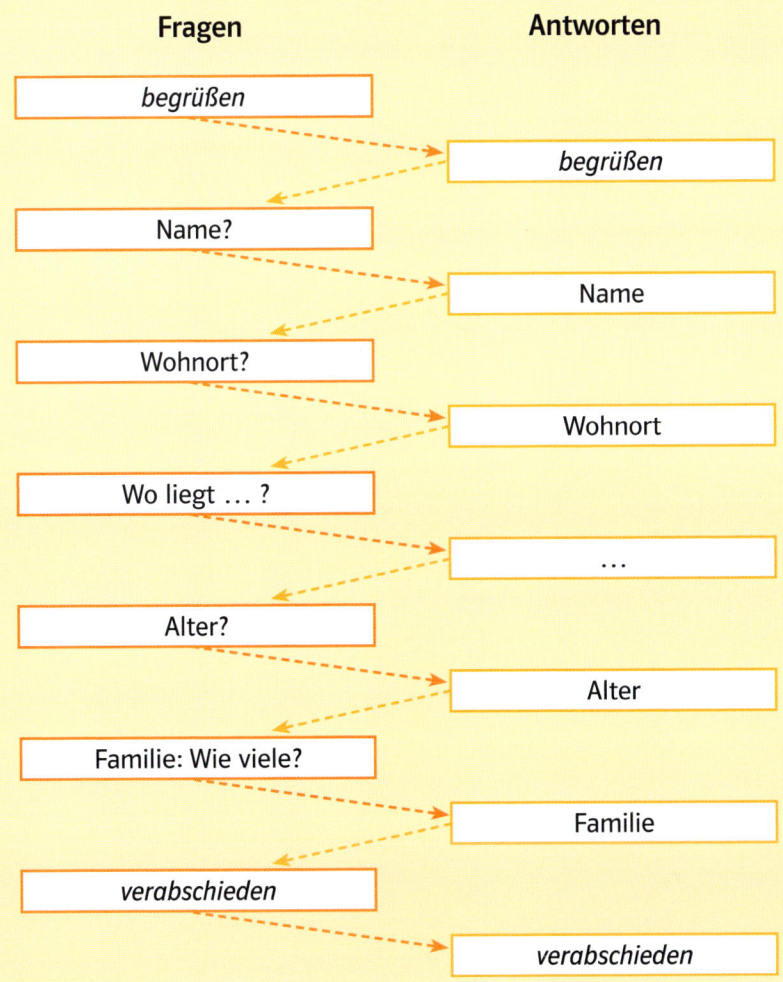

Grammatik

1. Verben: Präsens (1)

Schau die Tabelle an.

		sein	haben	wohnen	heißen	
1.	ich	**bin**	hab**e**	wohn**e**	heiß**e**	Singular
2.	du	**bist**	ha**st**	wohn**st**	heiß**t**	
3.	er, sie	**ist**	ha**t**	wohn**t**	heiß**t**	
1.	wir	**sind**	hab**en**	wohn**en**	heiß**en**	Plural
2.	ihr	**seid**	hab**t**	wohn**t**	heiß**t**	
3.	sie	**sind**	hab**en**	wohn**en**	heiß**en**	
4.	Sie	**sind**	hab**en**	wohn**en**	heiß**en**	höflich: Singular + Plural

Beachte: sein / haben: = unregelmäßige Verben

TIPP: Lern die Formen auswendig.

● wohnen: = regelmäßiges Verb: Stamm + 4 Personen-Endungen

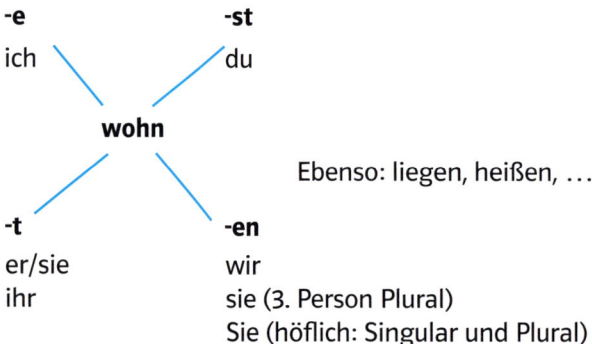

-e ich
-st du
wohn
-t er/sie, ihr
-en wir, sie (3. Person Plural), Sie (höflich: Singular und Plural)

Ebenso: liegen, heißen, …

Beachte: heißen: du heißt (≠ st)

2. Personalpronomen (1)

● ich, du, er, sie, wir, … : = Personalpronomen

● Personalpronomen 3. Person:
　a. Das ist mein Vater. **Er** heißt Peter.
　b. Das ist meine Mutter. **Sie** heißt Renate.
　c. Das sind Herr und Frau Weigel. **Sie** sind die Eltern von Tina und Stefan.

● e**r** = maskulin: de**r** Vater
● si**e** = feminin: di**e** Mutter
● si**e** = Plural: di**e** Weigels, di**e** Geschwister

Beachte: **S**ie (großes **S**): = höfliche Form: Frau Weigel, haben **S**ie Geschwister?
　　　　　Aber: Herr und Frau Bauer sind verheiratet und **s**ie haben drei Kinder.

3. du-Form / höfliche Form

- du-Form → Freunde, Kinder, Familie:
  Tina, wo wohnst du? Hast du eine E-Mail-Adresse?

- Sie-Form → Erwachsene, Lehrer / Lehrerin:
  Wo wohnen Sie, Herr Langer?
  Haben Sie Kinder?
  Sind Sie verheiratet?

Beachte: Wer sind **Sie**? → **Ich** bin die Mutter von Tina und Stefan.
→ **Wir** sind die Eltern von Tina und Stefan.

4. Aussagesatz

Die Positionen im Satz: Wo steht das Verb?

	Verb	
Ich	**heiße**	Tobias.
Stefan	**ist**	der Bruder von Tina.
Die Weigels	**wohnen**	in Augsburg.
1	2	3

Ergänze die Regel:

Das Verb ist auf Position ●.

Beachte: Ich heiße Tobias, **ich** wohne in Augsburg.
Ich heiße Tobias **und** (ich) wohne in Augsburg.
↑
verbindet Sätze

5. Fragesätze

Die Positionen im Satz: Wo steht das Verb?

a. Ja/Nein-Fragen:

Heißt	du	Sylvia?	– Nein, ich heiße Monika.
Ist	Tina	die Schwester von Stefan?	– Ja.
Hast	du	Geschwister?	– Nein, ich bin ein Einzelkind.
1	2	3	

Ergänze die Regel:

Bei Ja/Nein-Fragen ist das Verb auf Position ●, das Subjekt ist auf Position ●.

Modul 1 Grammatik

b. W-Fragen:		
Wer	**bist**	du?
Wie	**heißt**	du?
Wo	**wohnst**	du?
Wie alt	**bist**	du?
Wie viele Geschwister	**hast**	du?
1	2	3

Ergänze die Regel:

Bei W-Fragen ist das Verb auf Position ●, das Subjekt auf Position ●.

6. Das Fragewort *wer*?

Übersetze in deine Sprache.

a. Wer bist du? – Ich bin Stefan.
b. Wer ist Tina? – Sie ist die Schwester von Stefan.
c. Wer sind Sie? – Ich bin Frau Weigel.
d. Wer ist Nummer 2?

Ergänze:

Das Fragewort „wer?" übersetze ich mit ●.

7. Die Präpositionen *in*, *bei*, *von*

Übersetze die Fragen und Antworten in deine Sprache.

Wo wohnst du?   – **In** Augsburg.   in = ● (Ort)

Wo liegt Augsburg?   – **Bei** München.   ●. bei (Ort)

Wer ist Tina ? – Tina ist die Schwester **von** Stefan.

Ergänze:

„Wo" übersetze ich mit ●.

„In" übersetze ich mit ●.

„Bei" übersetze ich mit ●.

„Von" übersetze ich mit ●.

8. Der bestimmte Artikel

maskulin	feminin	neutral	Plural
der	**die**	(→ Modul 2)	**die**
Vater	Mutter		Eltern
Bruder	Schwester		**Weigels** (die Weigels = die Familie Weigel)
Sohn	Tochter		
Freund	Freundin		

Beachte: Plural „die" für maskulin, feminin, neutral.

Ergänze die Regel:

der **V**ater, die **M**utter, **T**ina **W**eigel: Substantive und Namen schreibt man ●.

❹

9. Der Possessiv-Artikel (1)

maskulin	feminin	neutral	Plural
mein/dein	**meine/deine**	(→ Modul 2)	**meine/deine**
Vater	Mutter		Eltern
Bruder	Schwester		
Freund	Freundin		

Beachte: Plural „meine/deine" für maskulin, feminin, neutral.

10. Die Zahlen

Du findest die Zahlen vorn auf den Seiten 9, 10 und 22.

Beachte: a. Man spricht:

13 → **drei**zehn
14 → **vier**zehn
(= drei + zehn)

ab **21** → **ein**und**zwanzig**
22 → **zwei**und**zwanzig**

b. Die Zehner:
10 zehn   40 vier**zig**
20 zwan**zig**   50 fünf**zig**
30 drei**ß**ig   …

c. Beachte:
1 ein**s**   11 elf   21 **ein**undzwanzig
6 sech**s**   16 sechzehn   60 sechzig
7 sieb**en**   17 siebzehn   70 siebzig

d. Unterscheide:
15 fünf**zehn**   50 fünf**zig**
19 neun**zehn**   90 neun**zig**

Lösungen für ●:
❶ Das Verb ist auf Position 2.
❷ Bei Ja/Nein-Fragen ist das Verb auf Position 1, das Subjekt ist auf Position 2.
❸ Bei W-Fragen ist das Verb auf Position 2, das Subjekt auf Position 3.
❹ Substantive und Namen schreibt man **groß**.

Modul 1

Teste dein Deutsch!
Wortschatz und Grammatik

1 Notier 5 „Familien-Wörter" mit Artikel.

2 Notier 5 deutsche Vornamen und 5 deutsche Städte.

3 Wie ist …? Notier 4 Adjektive:

nett, …

4 Stell Fragen.

● Tobias, … (Adresse? / Alter? / Geschwister?)

5 Stell Fragen.

● Frau Bauer, … (Wohnort? / Telefonnummer?)

6 Was passt hier?

Ich …1… Janina und …2… 15.
Wir …3… fünf in der Familie: …4… Mutter, …5… Vater, …6… Schwester,
…7… Bruder und ich!
…8… Schwester …9… noch klein, sie …10… erst sieben Jahre. Sie …11… Alina.
Wir …12… in Köln. Das …13… in Deutschland.
Der Bruder …14… meiner Mutter, mein Onkel Hans, …15… in Hamburg.
Wir …16… oft in Hamburg.

1 heißt heiße	2 bin bist	3 seid sind	4 mein meine	5 mein meine	6 mein meine
7 mein meine	8 mein meine	9 bist ist	10 bist ist	11 heißen heißt	12 wohnt wohnen
13 liegt liegen	14 bei von	15 wohnt wohne	16 seid sind		

Selbstkontrolle

 Lösungen auf Seite 132

Du hast …
… maximal 4 Fehler: SEHR GUT! Mach weiter so!
… 5 bis 8 Fehler: noch o.k. Aber du kannst es besser!
… mehr als 8 Fehler: Wiederhol die Übungen von Modul 1.

MODUL 2

Bei uns zu Hause

Du lernst …

- eine Wohnung und ein Zimmer beschreiben
- die Farben
- Namen von Haustieren
- Namen von Ländern und Sprachen
- Lieder auf Deutsch

- andere Leute fragen
  Wie geht's Ihnen?
  Wir geht's dir?
  Was möchten Sie trinken?
  Was möchtest du trinken?

- auf Fragen antworten
  Es geht gut.
  Es geht nicht so gut.
  Ich möchte …
  Ich möchte lieber …

Du lernst die Wohnung und die Nachbarn von Familie Weigel kennen.

Modul 2 · Lektion 1

Das Haus von Familie Weigel

Das Schlafzimmer von Herrn und Frau Weigel. Es ist nicht sehr groß.

Das Wohnzimmer. Es ist sehr gemütlich.

Die Küche. Sie ist klein, aber praktisch.

Das Bad. Es ist klein.

Das Schlafzimmer von Stefan. Es ist groß.

Der Abstellraum. Er ist sehr nützlich.

Das Arbeitszimmer von Frau Weigel.
Es ist sehr praktisch.

Der Garten. Er ist sehr schön.

1 Hör zu. ▶34

2 Hör noch einmal und sprich nach. ▶35

3 Was passt zusammen? Es gibt mehrere Lösungen.

1. Das Schlafzimmer von Herrn und Frau Weigel:
2. Der Garten:
3. Das Wohnzimmer:
4. Das Bad:
5. Die Küche:
6. Der Abstellraum:
7. Das Zimmer von Stefan:

a. Er ist sehr schön.
b. Er ist sehr nützlich.
c. Sie ist klein, aber praktisch.
d. Es ist groß.
e. Es ist nicht sehr groß.
f. Es ist gemütlich.
g. Es ist sehr praktisch.

| 1. | ... |
| 2. | ... |

4 Fragt und antwortet.

● Wie ist die Küche?
● Sie ist klein, aber praktisch.

Grammatik
der Garten → er
die Küche → sie
das Bad → es

▶ AB S. 33-34: Ü 1, 2, 3

fünfundvierzig 45

5 Hör zu und sprich nach. ▶36

Was ist das?

1	2
das Bett ein Bett	der Schrank ein Schrank
3	4	5	6
der Tisch ein Tisch	der Stuhl ein Stuhl	die Dusche eine Dusche	der Computer ein Computer
7	8	9	10
das Sofa ein Sofa	das Regal ein Regal	der Baum ein Baum	die Lampe eine Lampe

6 Memory.

Kopier Seite 46. Schneide die Spielkarten aus (✂).
Viel Spaß!!

7 Reihenübung: Fragt und antwortet.

→ Was ist Nummer 2? → Nummer 2 ist ein Schrank. Was ist Nummer 5? → …

8 Schreib die Sätze in dein Heft.

Beispiel:
Das Wohnzimmer ist gemütlich.

Das Bad — gemütlich.
Der Garten — klein.
Die Küche — praktisch.
Das Arbeitszimmer — groß.
Das Schlafzimmer — nützlich.
Das Wohnzimmer — nicht sehr groß.
Der Abstellraum — sehr schön.

ist

AB S. 34: Ü. 4

9 Was passt zusammen? Spiel mit.

Schreib die Wörter auf Karten. Eine Gruppe bekommt Karten mit Zimmern.
Eine Gruppe bekommt Karten mit Möbeln. Jeder sucht seinen Partner.

der Computer	das Arbeitszimmer	das Sofa	das Wohnzimmer
der Baum	der Garten	das Bett	das Schlafzimmer
die Dusche	das Bad	der Tisch	die Küche
das Regal	der Abstellraum	der Schrank	das Schlafzimmer
der Stuhl	die Küche	die Lampe	das Arbeitszimmer

siebenundvierzig 47

Modul 2 Lektion 1

10 Was ist das? Fragt und antwortet wie im Beispiel.

● Was ist das, ein Computer?
→ Ja, das ist ein Computer.
→ Nein, das ist kein Computer. Das ist ein / eine …

11 Sprich wie im Beispiel.

Grammatik
ein Stuhl — kein Stuhl
eine Lampe — keine Lampe
ein Bett — kein Bett

 ein Stuhl.    kein Stuhl, sondern eine Lampe.

AB S. 34–35: Ü. 5, 6, 7

12 Zimmer und Möbel. Schreib drei Listen.

13 Blau, rot oder grün? Spiel mit.

• blau • rot • grün

14 Was passt zusammen?

der
die
das

Computer
Küche
Stuhl
Bett
Zimmer
Baum
Lampe
Regal
Garten

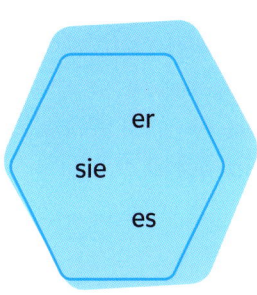

er
sie
es

15 Hör zu. Welche Adjektive hörst du hier? Notier in deinem Heft. ▶37

1	3	…
…	…	…

1. Das ist mein Haus: Es ist wirklich sehr •••. 2. Es hat fünf Zimmer. 3. Das Wohnzimmer ist sehr ••• und •••. 4. Wir essen und sehen fern hier. 5. Die Küche ist ziemlich •••, aber •••. 6. Unser Schlafzimmer, das Kinderzimmer, ist leider •••. 7. Das Schlafzimmer von unseren Eltern ist dagegen ••• und auch •••. 8. Der Abstellraum ist zwar •••, aber sehr •••. 9. Wir haben auch einen Garten. Er ist sehr •••: 2000 m².

a. nicht sehr groß
b. groß
c. gemütlich
d. klein
e. praktisch
f. schön
g. nützlich

▶ AB S. 35-36: Ü. 8, 9, 10

Wortschatz wiederholen!

16 Silbenrätsel. Wie viele Wörter findest du? Schreib in dein Heft. Denk an die Großbuchstaben!

che – prak – ter – schlaf – gar – kü – so – tisch – mer – pu – nütz – lich – lam – ten – fa – com – zim – pe

17 Wie sagt man in deiner Sprache?

a. Arbeitszimmer   b. Wohnzimmer   c. Abstellraum   d. Computer

18 Was passt zusammen?

1. der Computer
2. das Bett
3. der Baum
4. das Sofa
5. der Tisch und die Stühle
6. das Regal

a. der Garten
b. der Abstellraum
c. das Arbeitszimmer
d. die Küche
e. das Schlafzimmer
f. das Wohnzimmer

19 Welches Adjektiv passt?

1. Ein Sofa ist •••
2. Ein Wohnzimmer ist •••
3. Ein Bad ist •••
4. Ein Abstellraum ist •••
5. Eine Küche ist •••
6. Ein Arbeitszimmer ist •••

▶39 Aussprache! Hör gut zu und sprich nach!

- **sch:** **Sch**rank, Ti**sch**, **sch**ön
- **ö:** sch**ö**n, B**ö**hm, bl**ö**d
- **o:** S**o**fa, gr**o**ß, **O**pa
- **ü:** K**ü**che, n**ü**tzlich, gem**ü**tlich
- **u:** D**u**sche, Br**u**der
- **ge:** **ge**mütlich, **Ge**schwister
- **-d:** Ba**d**, un**d**, Kin**d**
- **-er:** Zimm**er**, ab**er**, Vat**er**

Du kannst …

eine Wohnung / ein Zimmer beschreiben

fragen	*auf Fragen antworten*	
Was ist das?	Das ist die Küche / das Bad / das Wohnzimmer / mein Schlafzimmer.	✓
Ist das dein Schlafzimmer?	Ja, das ist mein Schlafzimmer.	✓
	… … …	
Wie ist die Küche?	Sie ist klein / groß / praktisch / nützlich / …	✓
Wie ist das Wohnzimmer?	Es ist gemütlich / schön / …	✓
	… … …	
	negativ antworten	
Ist der Garten groß?	Nein, er ist nicht groß.	✓
Ist das eine Lampe?	Nein, das ist keine Lampe.	✓
Ist das ein Sofa?	Nein, (das ist) kein Sofa, sondern ein Bett.	✓

AB S. 36-37: Ü. 11, 12, 13, 14, 15

▶40 Wir singen: Na, was ist denn das?

Was ist denn das? Na, was ist denn das? Ei-ne Lam-pe? Nein, nein, nein. Was
ist denn das? Na, was ist denn das? Ein— So-fa? Nein, nein, nein. Ein

Tisch? Ein Stuhl? Nein, kein Tisch, kein Stuhl. Na, was ist? Na, was ist denn das?

Das ist ein Bett.	Ja, das ist ein alter Schrank.
Ja, das ist ein Bett.	Ein Bett? Ein Schrank?
Ja, das ist ein großes Bett.	Ja, ein Bett, ein Schrank!
Das ist ein Schrank.	Die sind schön.
Ja, das ist ein Schrank.	Die sind wunderschön.

einundfünfzig **51**

Modul 2 · Lektion 2 · Ein Besuch

1. Guten Tag, Frau Stein. Bitte, kommen Sie rein. Hallo, Brigitte.

2. Und wie geht's Ihnen?
3. Mir geht's gut, danke!
4. Und dir, Brigitte, … wie geht's?
5. Es geht …

6 Wo ist Tina?

7 Sie macht Hausaufgaben. Frau Stein, möchten Sie was trinken? Eine Tasse Kaffee?

8 Gerne.

10 Nein, danke. Ich gehe zu Tina …

9 Und du, Brigitte? Möchtest du auch etwas trinken?

Modul 2 Lektion 2

1 Was sagen sie? Hör zu. ▶41

2 Hör noch einmal. ▶41

3 Lies laut und ergänze.

Bausteine

grüßen
Guten Tag, …
Bitte, kommen Sie …
… … …

fragen	*antworten*	
Wie geht's Ihnen?	Mir …	☺
Und dir, Brigitte? Wie geht's dir?	…	😐

… … …

Möchten Sie was trinken?	…	☺
Und du, Brigitte?	…	☹

4 Wie geht's? – Eine Frage, viele Antworten! Ordne zu.

schlecht   gut   sehr gut   nicht schlecht
    nicht so gut   sehr schlecht

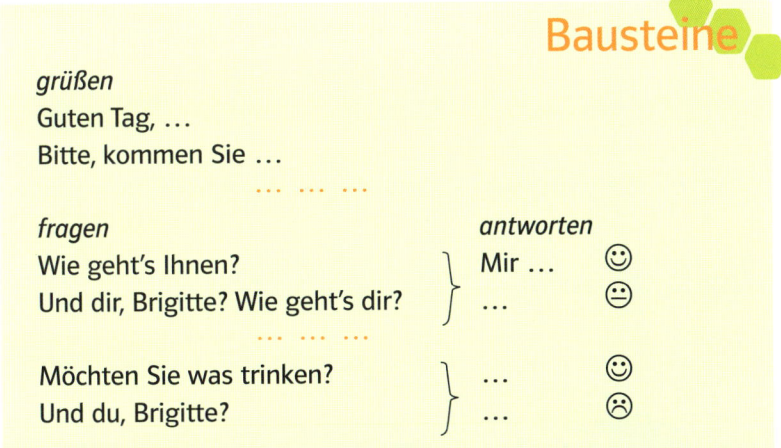

A   B   C

Mir geht es …

dreiundfünfzig **53**

Modul 2 / Lektion 2

5 Fragt und antwortet wie im Beispiel.

- Guten Tag, Herr / Frau ... Wie geht's Ihnen?
- Sehr gut. / Es geht. / ...

Grammatik
Wie geht's **dir**, Brigitte?
Wie geht's **Ihnen**, Frau Stein?
Mir geht's gut, danke!

Herr Meier • Frau Müller • Frau Berger • Herr Beck • Julia

6 Reihenübung: Fragt und antwortet.

⇄ Elena, wie geht's dir? → Mir geht's gut, danke. Und dir, Lukas? Wie geht's dir? →
Mir geht's ...

▶ AB S. 38–39: Ü. 1, 2, 3, 4

7 Was passt zusammen?

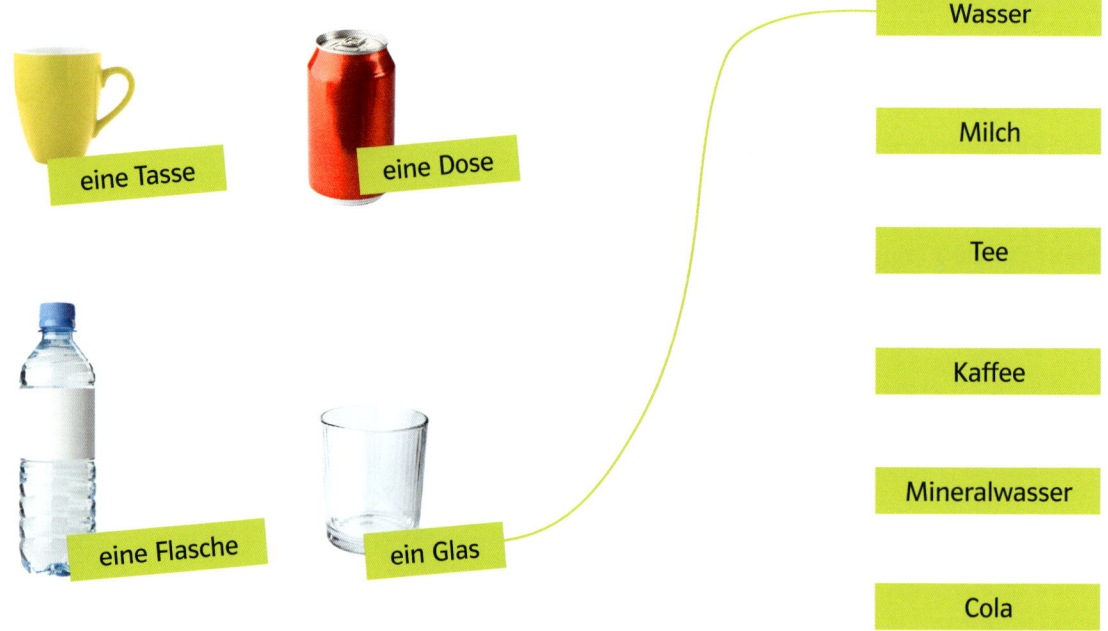

8 Fragt und antwortet wie im Beispiel.

- Trinkst du (trinken wir) eine Dose Cola? ---→ Ja, gern.
  ---→ Nein, danke.

9 Minidialoge: Übt zu zweit.

Beispiele:

● Was möchtest du trinken, Brigitte?
Ein Glas Mineralwasser?
● Nein, ich möchte lieber eine Dose Cola.

● Was möchten Sie trinken, Frau Stein?
Eine Tasse Kaffee?
● Nein, ich möchte lieber eine Tasse Tee.

Grammatik
● Was **möchtest** du trinken?
Was **möchten** Sie trinken?
● Ich **möchte** …

Modul 2 Lektion 2

Brigitte	~~Glas Wasser~~	Dose Cola
Frau Stein	~~Tasse Kaffee~~	Tasse Tee
Daniel	~~Flasche Mineralwasser~~	Dose Cola
Herr Hoffmann	~~Tasse Tee~~	Tasse Kaffee
Annette	~~Glas Wasser~~	Tasse Tee
Frau Klein	~~Tasse Kaffee~~	Glas Wasser
Tobias	~~Dose Cola~~	Tasse Tee

10 Reihenübung: Fragt und antwortet.

→ Laura, möchtest du ein Glas Wasser? → Ja, gern. Paul, möchtest du eine Tasse Tee? →
Nein, lieber eine Dose Cola. Lukas, möchtest du …

AB S. 39-41: Ü. 5, 6, 7, 8

11 der, die, das? Schreib drei Listen in dein Heft.

Wasser   Milch   Cola   Dose   Tasse

Kaffee   Tee   Glas   Flasche   Mineralwasser

der   **die**   **das**

fünfundfünfzig 55

Das ist mein Zimmer.
Hier mache ich meine Hausaufgaben.
Das ist mein Computer, mit Internetanschluss.
Ich kann meinen Freundinnen E-Mails schicken.

Was stimmt?

a. Tina hat auch ein Zimmer.
b. Dort macht sie die Hausaufgaben.
c. Sie hat einen Computer.
d. Sie hat keinen Internetanschluss.

Wortschatz wiederholen!

13 Dialogpuzzle: Brigitte bekommt Besuch.
Schreib den Dialog in dein Heft. Spielt den Dialog zu dritt.

- Hallo, Tina, hallo Stefan. Kommt rein.
- Und ich ein Glas Wasser.
- Und dir Stefan?
- Mir geht's sehr gut. Und dir?
- Ja, gern. Was hast du?
- Wie geht's dir?
- Ich möchte eine Cola.
- Dann trinke ich eine Tasse Milch.
- Mir geht's auch gut.
- Es geht so.
- Cola, Mineralwasser, Milch.
- Möchtet ihr was trinken?

14 Was trinkt man?

Ein Glas …
Eine Dose …
Eine Flasche …
Eine Tasse …

AB S. 41: Ü. 9, 10

▶44 Aussprache! Hör gut zu und sprich nach!

- **ih:** **Ih**nen, **ih**r, **ih**m
- **eh:** g**eh**en, s**eh**r, m**eh**r
- **ee:** Kaff**ee**, T**ee**, M**ee**r
- **o:** D**o**se, C**o**la, gr**o**ß
- **o:** T**o**chter, B**o**nn, W**o**rt
- **ö:** m**ö**chte, zw**ö**lf, J**ö**rg
- **ß:** gro**ß**, Stra**ß**e, hei**ß**en
- **s:** **S**ie, **s**ehr, **S**uppe
- **s:** da**s**, e**s**, Gla**s**, Hau**s**

Du kannst …

fragen

Wie geht's dir?
Wie geht's Ihnen?

Was möchtest du trinken?
Was trinkst du?
Was möchten Sie trinken?
Was trinken Sie?

Möchtest du was trinken?
Möchten Sie was trinken?

auf Fragen antworten

Mir geht's gut / nicht so gut / sehr gut / schlecht. / Es geht. ✓

… … …

Ein Glas Wasser. / Ich möchte eine Cola. / Ich trinke lieber Tee. ✓

… … …

Ja, gern. / Nein, danke. ✓

▶ AB S. 42: Ü. 11, 12, 13

▶45 Wir singen: Hallo, Jakob!

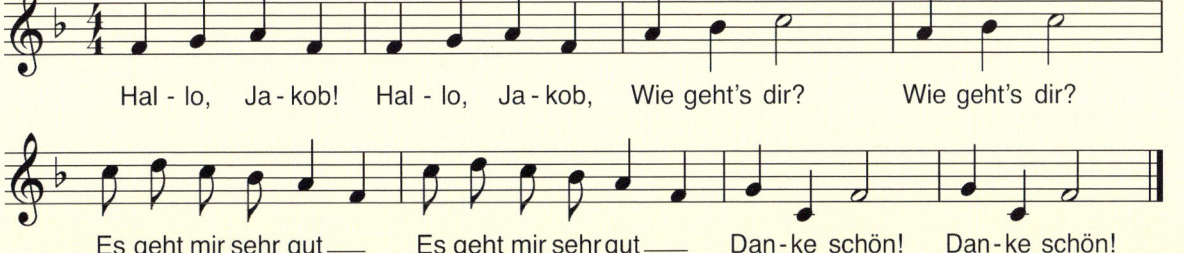

Hal-lo, Ja-kob! Hal-lo, Ja-kob, Wie geht's dir? Wie geht's dir?
Es geht mir sehr gut— Es geht mir sehr gut— Dan-ke schön! Dan-ke schön!

Hallo, Petra! Hallo, Petra!
Wie geht's dir? Wie geht's dir?

Nicht besonders gut. Nicht besonders gut.
Tut mir leid. Tut mir leid.

Modul 2 · Lektion 3 · Mautzi, unsere Katze

Zu Hause haben wir eine Katze. Sie heißt Mautzi. Sie ist 4 Jahre alt. Sie ist sehr lieb. Sie mag Milch. Ich spiele gern mit Mautzi!

Ich mag Haustiere, aber ich habe leider keine. Ich möchte gern einen Hund oder ein Kaninchen haben!

1 Was sagen sie? Hör zu. ▶46

2 Lies laut und ergänze.

Bausteine

Tina sagt:
Zu Hause habe ich …
Sie heißt …
Sie ist 4 …
Sie ist …
Sie mag …
Ich spiele gern …

Brigitte sagt:
Ich mag …,
aber ich habe leider **keine**.
Ich möchte gern ein**en** …
oder ein …

3 Hör noch einmal Text 1. ▶47

4 Was weißt du über Mautzi? Fragt und antwortet.

Name: •••
Alter: •••
Wohnort: •••
Besondere Kennzeichen: •••

der Hund | die Katze | der Kanarienvogel | der Goldfisch

die Kuh | das Pferd | die Maus | das Kaninchen

5 Wie heißen die Tiere? Hör zu und sprich nach. ▶48

6 Tier-Memory.

Kopier die Seite. Schneide die Spielkarten aus (✂). Viel Spaß!

der Hamster | der Papagei

Modul 2 Lektion 3

neunundfünfzig **59**

7 Welches Tier hörst du? ▶49

Nummer 1	a. Katze
Nummer 2	b. Kuh
Nummer 3	c. Hund
Nummer 4	d. Papagei
Nummer 5	e. Pferd
Nummer 6	f. Kanarienvogel

1	2	…
…	…	…

8 Welches Tier ist das?

1. Sie produziert viel Milch.
2. Sie macht: „Miau".
3. Er mag keine Katzen.
4. Er spricht und sagt: „Guten Tag!"
5. Er ist klein und gelb.
6. Es mag Salat und Karotten.
7. Es galoppiert.

AB S. 43: Ü. 1, 2

9 Reihenübung: Fragt und antwortet.

Hast du Haustiere? → Ja, ich habe einen Hund. Hast du Haustiere? → Nein, ich habe leider keine Haustiere. Hast du Haustiere? → Ja, ich habe zwei Goldfische. Hast du Haustiere? → Ja, ich habe eine Katze. Hast du Haustiere? → Ja, …

Ich habe …

einen	eine	ein	zwei, drei …
Hund	Katze	Kaninchen	Hunde
Goldfisch	Maus	Pferd	Goldfische
Hamster	Kuh		Hamster
Papagei			Papageien
Kanarienvogel			Kanarienvögel
			Katzen
			Mäuse
			Kühe
			Kaninchen
			Pferde
keinen	keine	kein	keine

10 Immer … Nein!

Hast du einen Hamster? → Nein, ich habe keinen Hamster. Hast du ein Pferd? → Nein, ich habe kein Pferd. Hast du …?

Grammatik

Ich habe **(k)einen** Hund.
Du hast **(k)eine** Katze.
Er / Sie hat **(k)ein** Pferd.
Wir haben **keine** Tiere.

AB S. 43–45: Ü. 3, 4, 5, 6, 7

**Modul 2
Lektion 3**

11 Kartenspiel.

Vier spielen zusammen: Ihr braucht 20 Karten. Malt 10 Tiere, jedes Tier zweimal. Malt Punkte auf die Karten: blau = der, rot = die, grün = das. Ihr könnt auch farbige Karten nehmen.
Jeder bekommt 5 Karten. Sucht Kartenpaare.

So geht's:

Spielschluss:
Wer hat die meisten Kartenpaare?

12 Umfrage in der Klasse: Wie viele Tiere habt ihr?

Hunde	XXXXXXXX
Goldfische	XXX
Hamster	
Papageien	
Kanarienvögel	
Katzen	
Mäuse	
Kaninchen	
Pferde	

In meiner Klasse haben wir acht Hunde, keine Pferde, …

einundsechzig **61**

Modul 2 — Lektion 3

13 Reihenübung: Fragt und antwortet.

→ Magst du Papageien? → Nein, ich mag keine Papageien.
Magst du Pferde? → Ja, ich mag Pferde sehr. Magst du …?

Grammatik

ich	mag
du	magst
er, sie, es	mag

14 Fragt und antwortet wie im Beispiel.

mein / dein Hund

meine / deine Katze

mein / dein Goldfisch

mein / dein Kaninchen

mein / dein Hamster

meine / deine Maus

mein / dein Kanarienvogel

Käse

Karotten

Würste

Äpfel

Würmer

Salat

Milch

● Was mag dein Hund?
● Mein Hund mag Würste.

▶ AB S. 45–46: Ü. 8, 9, 10, 11, 12

15 Hör zu. Was für Tiere haben sie? ▶ 50

Thomas

Franziska

ein Kaninchen
keine Haustiere
einen Hund
zwei Goldfische
eine Katze
einen Papagei
zwei Kanarienvögel

Karin

Jens

▶ AB S. 47–48: Ü. 13, 14, 15

62 zweiundsechzig

16 Ein Märchen: Rotkäppchen.

Die Personen:

Rotkäppchen   die Mutter   der Wolf   die Oma   der Jäger

Text und Bild: Was passt zusammen?

a. Der Wolf im Bett der Oma.
b. Rotkäppchen und der Wolf im Wald.
c. Rotkäppchen und die Mutter zu Hause.
d. Der Wolf und der Jäger.
e. Der tote Wolf, der Jäger, die Oma und Rotkäppchen.

Schreib in dein Heft.

1	2	…
…	…	…

Wie ist die Reihenfolge der Bilder?

17 Hör zu. Ist deine Reihenfolge richtig? ▶52

dreiundsechzig **63**

Wortschatz wiederholen!

18 Hier sind 6 Tiere versteckt. Schreib sie mit dem Artikel in dein Heft.

Stuhundphokatzeamkpapageimwkanarienvogelpsrmauschokuhgrl

19 Wie heißt der Plural? Lies laut.

1. der Hund, die •••
2. das Pferd, die •••
3. der Kanarienvogel, die •••
4. das Kaninchen, die •••
5. der Hamster, die •••
6. die Katze, die •••
7. der Goldfisch, die •••
8. die Maus, die •••

20 Was mögen die Tiere? Schreib ganze Sätze in dein Heft.

Ein Goldfisch mag Würmer.

21 Lies laut.

Familie Merz hat 🐹, 🐠🐠🐠, 🐱 und 🐶. Der 🐶 mag 🌭, er trinkt gern 🥤. Die 🐠🐠 mögen 🪱, die 🐱 trinkt 🍼 und der 🐹 mag 🫑, 🥬 und 🥕. Im Haus wohnt auch 🐭. Sie mag 🧀 aus der Küche.

▶53 Aussprache! Hör gut zu und sprich nach!

- **h:** **H**und, **H**amster
- **ä:** Rotk**ä**ppchen, M**ä**dchen, K**ä**se
- **ei:** Papag**ei**, k**ei**n, m**ei**n
- **ie:** T**ie**re, w**ie**, W**ie**n
- **äu:** M**äu**se, H**äu**ser
- **ch:** ma**ch**en, a**ch**t
- **ch:** Kanin**ch**en, Mil**ch**
- **sch:** Fi**sch**, Ti**sch**
- **v:** **V**ogel, **v**on, **V**ater

Du kannst …

fragen

Hast du Haustiere?
Haben Sie Haustiere?

Magst du Tiere?
Mögen Sie Tiere?

auf Fragen antworten

☺ Ja, ich habe einen Hund, eine Katze, ein Kaninchen, zwei Goldfische, … ✓
☹ Nein, ich habe keinen Hund, keine Katze, kein Kaninchen, … ✓
… … …
☺ Ja, ich mag Tiere (sehr). ✓
☹ Nein, ich mag keine Tiere. ✓
… … …
Mein Hamster mag Karotten, meine Katze mag Milch, … ✓

▶ AB S. 48–49: Ü. 16, 17, 18

▶54 Wir singen: Hast du Tiere?

Hast du Tiere?
Ja, ja, ja. Ja, ja, ja. Ja, ja, ja!
Was für Tiere hast du denn?
Ich hab' eine Kuh, muh!

Hast du Tiere?
Ja, ja, ja Ja, ja, ja Ja, ja, ja!
Was für Tiere hast du denn?
Ich hab' eine Katz', miau!

fünfundsechzig 65

Modul 2 · Lektion 4 · Die Nachbarn von Familie Weigel

Rafael Martinez ist der Nachbar von Familie Weigel. Er kommt aus Spanien, und zwar aus Barcelona. Er arbeitet schon 10 Jahre in Augsburg und spricht perfekt Deutsch. Was macht Herr Martinez in
5 Augsburg? Er verkauft spanische Spezialitäten. Er hat ein Restaurant im Zentrum: Es heißt „Casa de Tapas". Herr Martinez hat zwei Kinder: Fernando, 15, und Carmen, 12.
Das Leben in Deutschland gefällt ihm recht gut, aber
10 seine Frau möchte lieber in Spanien leben.

1 Lies den Text. Löse dann die Aufgaben a, b, c und d.

a. Was stimmt?
   Was stimmt nicht?
   Wo (in welcher Zeile) steht das im Text?

1. Herr Martinez wohnt in Barcelona.

2. Herr Martinez wohnt in Augsburg.

3. Herr Martinez spricht nur ein wenig Deutsch.

4. Herr Martinez hat ein Restaurant im Zentrum von Augsburg.

5. Das Restaurant von Herrn Martinez heißt „Casa de Tapas".

6. Herr Martinez hat zwei Söhne.

7. Herr Martinez lebt gern in Deutschland.

8. Frau Martinez lebt auch gern in Deutschland.

b. Ergänze.

Deutschland • möchte lieber • spricht • hat • hat • Restaurant • arbeitet • verkauft • wohnt • Nachbar

Herr Martinez ••• in Augsburg. Er ist der ••• von Familie Weigel. Er ••• schon 10 Jahre in Augsburg und ••• perfekt Deutsch. Er ••• ein ••• im Zentrum. Er ••• spanische Spezialitäten. Er ••• zwei Kinder. Herr Martinez lebt gern in •••, aber seine Frau ••• in Spanien wohnen.

c. Schreib den Text in dein Heft.

d. Wie heißen die Antworten? Schreib die Fragen und Antworten in dein Heft.

1. Wer ist Herr Martinez? •••
2. Kommt Herr Martinez aus Spanien? •••
3. Wo wohnt Herr Martinez? •••
4. Spricht Herr Martinez Deutsch? •••
5. Was macht Herr Martinez in Deutschland? •••
6. Wie viele Kinder hat er? Wie heißen sie? •••
7. Lebt Herr Martinez gern in Deutschland? •••
8. Wo möchte seine Frau lieber leben? •••

Herr Martinez, woher kommen Sie?

Ich komme aus Spanien, aus Barcelona.

2 Reihenübung: Jeder wählt eine Stadt. Fragt und antwortet wie im Beispiel.

Elisa, woher kommst du? → Ich komme aus Berlin. Und du, Laura? Woher kommst du? → Ich komme aus …

Frankfurt

Wien

München

Berlin

Hamburg

Modul 2 – Lektion 4

3 Autokennzeichen und Länder: Was gehört zusammen?

- A — Türkei
- I — Spanien
- CH — Deutschland
- GR — Portugal
- E — Polen
- F — England
- TR — Frankreich
- D — Italien
- P — Griechenland
- GB — Österreich
- PL — Schweiz

4 Woher kommen sie?

1 TR   2 F   3 GR

● Woher kommt Nummer 2?
● Nummer 2 kommt aus Frankreich.

4 E   5 D   6 A

Grammatik

Woher kommst du?	– **Aus** Deutschland.
Woher kommt er?	– **Aus der** Türkei.
Woher kommen Sie?	– **Aus** Portugal.
Woher kommt Jörg?	– **Aus der** Schweiz.

5 Länder-Memory.

Kopier die Seite und schneide die Spielkarten aus (✂). Viel Spaß!

Deutschland	Österreich

Deutsch	Deutsch

Portugal	Spanien	Frankreich	Türkei
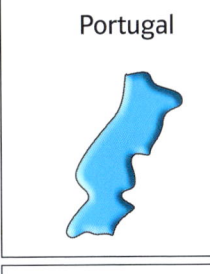	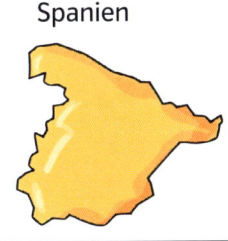		
Portugiesisch	Spanisch	Französisch	Türkisch

Schweiz	England	Griechenland	Polen
			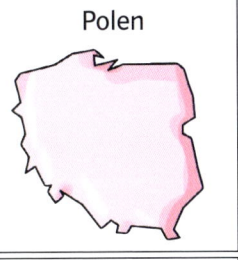
Deutsch Französisch Italienisch	Englisch	Griechisch	Polnisch
 			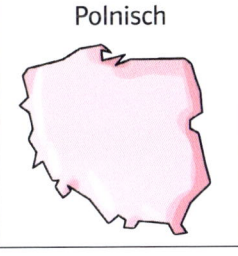

neunundsechzig

6 Was spricht man in …?

- Was spricht man in Deutschland?
- In Deutschland spricht man Deutsch.

Grammatik
In der Schweiz spricht man …
In England spricht man …

AB S. 50-52: Ü. 1, 2, 3, 4, 5, 6

7 Reihenübung: Fragt und antwortet.

Sprichst du Deutsch? → Ein wenig. Sprichst du Französisch? → Nein. Sprichst du … ?

Nicht sehr gut.   Ein wenig.   Ja.   Sehr gut.   Nein.

8 Fragt und antwortet wie im Beispiel.

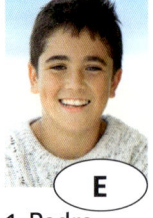      

E   F   A   D   P   TR   GR

1. Pedro   2. Denise   3. Lukas   4. Jakob   5. Dolores   6. Ali   7. Elektra

- Woher kommt Pedro?
- Er kommt aus Spanien.
- Was spricht er?
- Er spricht Spanisch.

Grammatik
ich   spreche
du   sprichst
er, sie, es   spricht

AB S. 52-53: Ü. 7, 8

9 Was passt zusammen? Spiel mit.

Schreibt die Fragen und die Antworten auf Karten. Bildet zwei Gruppen. Gruppe 1 bekommt die Frage-Karten, Gruppe 2 die Antwort-Karten. Jeder hat eine Karte und sucht seinen Partner. Das erste Paar gewinnt.

Was spricht Jakob?	Er spricht Deutsch.
Woher kommst du?	Ich komme aus Portugal.
Sprichst du Englisch?	Nein, nur Deutsch.
Was spricht man in der Schweiz?	Deutsch, Französisch und Italienisch.
Kommt Eva aus Österreich?	Nein, aus Deutschland.
Ich komme aus Berlin. Und du?	Ich auch.
Spricht Herr Kallia Griechisch?	Klar, er kommt aus Griechenland.

10 Sätze bauen.

Kopier die Seite. Schneide die Karten aus (✂). Misch die Karten und bau Sätze.
Wer am schnellsten die meisten Sätze baut, gewinnt. Viel Spaß!!

Ich	Elektra	Herr Dupont	Die Martinez
komme	kommt	kommen	kommt
aus Spanien	aus Athen	aus Italien	aus Paris
und	und	und	und
spricht	spreche	spricht	sprechen
Spanisch.	Griechisch.	Italienisch.	Französisch.

AB S. 54: Ü. 9

Modul 2 Lektion 4

einundsiebzig 71

11 Interviews: Hör zu. Wer ist das? Schreib die Informationen in dein Heft. ▶55

Er heißt
? Tobias
? Thomas
? Matthias
1

Sie heißt
? Karin
? Karola
? Christine
2

Er heißt
? Johann Meier
? John Martin
? James May

Er kommt aus
? Norddeutschland
? Süddeutschland
? Österreich

Sie kommt aus
? Deutschland
? Südtirol
? Österreich

Er kommt aus
? Deutschland
? England
? den USA

Er spricht
? nur Deutsch
? Deutsch und ein wenig Englisch
? Deutsch und Italienisch

Sie spricht
? nur Deutsch
? Deutsch und Italienisch
? nur Italienisch

Er spricht
? Deutsch
? nur Englisch
? Deutsch und Englisch

Er wohnt in
? Augsburg
? Salzburg
? Hamburg

Sie wohnt in
? München
? Meran
? Mainz

Er wohnt in
? Hamburg
? Edinburg
? Freiburg

Bild 1: Er heißt … Er kommt … Er …

▶ AB S. 54: Ü. 10

Wortschatz wiederholen!

12 Was weißt du über Herrn und Frau Martinez? Erzähl.

	wohnt			„Casa de Tapas".
	lebt			der Nachbar / die Nachbarin von Familie Weigel.
	arbeitet	gern	in	Zentrum von Augsburg.
Herr Martinez	kommt	ein wenig	im	Augsburg.
Frau Martinez	hat	sehr gut	aus	Barcelona.
	ist	nicht gern		ein Restaurant.
	verkauft			Deutsch.
	spricht			zwei Kinder.

13 Du kennst die Sprachen.

In Österreich und in Deutschland spricht man … / In der Schweiz … / In England … / In Portugal … / In der Türkei … / In Griechenland … / In …

▶57 Aussprache! Hör gut zu und sprich nach!

- **sp:** **sp**rechen, **Sp**rache, **Sp**anien
- **sch:** Italieni**sch**, Engli**sch**, Französi**sch**
- **tsch:** Deu**tsch**, **Tsch**üs
- **ah:** J**ah**r, f**ah**ren, w**ah**r
- **oh:** w**oh**nen, S**oh**n, K**oh**l
- **h:** wo**h**er, **h**ier**h**er, Wo**h**nhaus
- **z:** **Z**entrum, **Z**immer, **z**u

Du kannst …

fragen
Woher kommt Herr Martinez?
Woher kommst du?
Woher kommen Sie?

Sprichst du Deutsch?

Was spricht man in der Schweiz?

jemand vorstellen

auf Fragen antworten
Er kommt aus Spanien. ✓
Ich komme aus … ✓
Ich komme aus … ✓
… … …
Nein. / Ja, ein wenig. / Nicht so gut. /
Ja, sehr gut. ✓
Deutsch, Französisch und Italienisch. ✓
… … …
Elektra kommt aus Griechenland. ✓
Sie arbeitet und wohnt in München. ✓
Sie spricht perfekt Deutsch. ✓

AB S. 55: Ü. 11, 12, 13

▶58 Wir singen: Sprechen Sie ein bisschen Deutsch?

Sprechen Sie ein bisschen Englisch?
Ja, ich spreche sehr gut Englisch.
Kommen Sie aus Großbritannien?

Nein, ich komme aus Australien.
Woher kommen Sie genau?
Aus der Nähe von Cooktown.

Wir trainieren

1 Lies zuerst die Antworten in Block I. Hör dann die Fragen. Welche Frage passt zu welcher Antwort? Mach nun dasselbe bei Block II. ▶59

I

a. Gut, danke!   Nr. ?
b. Ich trinke eine Tasse Tee.   Nr. ?
c. Nein, das ist ein Stuhl.   Nr. ?
d. Ja, eine Katze.   Nr. ?

Notier in deinem Heft: I

Nr.	1	2	...
	...	...	...

II

a. Es ist sehr gemütlich.   Nr. ?
b. Nein, danke. Ich trinke nichts.   Nr. ?
c. Wir wohnen in München.   Nr. ?
d. Nein, das ist kein Bett.   Nr. ?

Notier in deinem Heft: II

Nr.	1	2	...
	...	...	...

2 Hör das Interview zweimal. Was stimmt? ▶60

1. Er heißt Andreas.
2. Er kommt aus Deutschland.
3. Er kommt aus Salzburg.
4. Seine Mutter wohnt in Wien.
5. Er hat viele Haustiere.
6. Er hat nur einen Hund.

3 Hör das Interview zweimal. Was stimmt? ▶61

1. Die neuen Nachbarn von Steffi heißen Richter.
2. Die Richters wohnen jetzt in Düsseldorf.
3. Frau Richter kommt aus England.
4. Frau Richter spricht nur Englisch.
5. Die Richters haben keine Kinder.
6. Herr Richter arbeitet in Frankfurt.

lesen

4 Elena stellt sich vor. Lies den Text.

Ich heiße Elena, bin 13 Jahre alt und wohne in Lugano. Lugano liegt im Tessin, in der Südschweiz. Ich habe einen Bruder und eine Schwester. Wir wohnen in einem modernen Einfamilienhaus. Es hat 5 Zimmer, eine Küche, zwei Bäder, einen Hobbyraum, eine Garage und einen Garten. Der Garten ist nicht sehr groß, aber wirklich schön.

Was stimmt?

1. Elena wohnt in der Schweiz.
2. Elena wohnt in einem Haus in Lugano.
3. Das Haus ist alt.
4. Es hat viele Zimmer.
5. Der Garten ist ziemlich groß.

5 Ali stellt sich vor. Lies den Text.

Hallo! Ich heiße Ali, bin 15 Jahre alt und wohne in München. Ich komme aber aus der Türkei, aus Istanbul. Ich bin dort geboren. Mein Vater arbeitet jetzt hier in Deutschland. Ich spreche natürlich Türkisch, aber Deutsch spreche ich besser. Auch mein Vater spricht gut Deutsch. Ich habe viele Freunde hier in Deutschland.
In meiner Klasse sind auch Antonio aus Italien und Marec aus Polen. Wir sind Freunde.

Was stimmt?

1. Ali wohnt in Deutschland.
2. Der Vater von Ali wohnt in Istanbul.
3. Ali spricht nur Türkisch.
4. Der Vater von Ali spricht Deutsch.
5. Ali hat nicht viele Freunde.
6. Marec ist ein Freund von Ali.

fünfundsiebzig

6 Annette beschreibt ihr Zimmer. Lies den Text.

Ich habe ein Zimmer für mich allein, d.h. mein Bruder Christian hat sein eigenes Zimmer. Mein Zimmer ist o.k. Ich habe dort mein Bett, ein Sofa, einen Schreibtisch, meinen CD-Player und einen Computer. Das Zimmer ist nicht sehr groß, aber ich habe genug Platz. Ich bin sehr gern hier: Ich mache Hausaufgaben, schreibe E-Mails, spiele Gitarre. Mein Zimmer ist auch eine Art Treffpunkt für meine Freunde: Wir sprechen, hören Musik, surfen im Internet …
Ja, ich liebe mein Zimmer!

Beschreib dein Zimmer.
Schreib den Text in dein Heft.

Beispiel:

Mein Zimmer ist klein / groß. Ich habe ein Zimmer nur für mich allein. / Ich teile mein Zimmer mit meinem Bruder / meiner Schwester …

7 Hier fehlen die Fragen. Schreib den ganzen Dialog in dein Heft.

1. ● … ? ● Ich heiße Pierre Dupont.
2. ● … ? ● Ja, ich komme aus Frankreich.
3. ● … ? ● Nein, ich wohne nicht in Paris.
4. ● … ? ● Ich wohne in Lyon.
5. ● … ? ● Natürlich spreche ich Französisch.
6. ● … ? ● Klar, meine Frau kommt aus Österreich.
7. ● … ? ● Sie kommt aus Innsbruck.
8. ● … ? ● Ja, wir haben zwei Kinder.
9. ● … ? ● Natürlich! Sie sind zweisprachig!
10. ● …   ● Bitte sehr.

8 Stell Pierre Dupont vor. Schreib den Text in dein Heft.

Pierre Dupont kommt aus …

sprechen

9 Bildet Gruppen.
Zieht eine Karte, zum Beispiel „Computer".
Sprecht zu zweit wie im Beispiel.

Karte: *Computer*

Mögliche Frage: *Hast du einen Computer?*
Mögliche Antwort: *Ja, ich habe einen Computer.*

Beispiel:

10 Bildet Gruppen.
Zieht eine Karte, zum Beispiel „Nachbarn".
Sprecht zu zweit wie im Beispiel.

Karte: *Nachbarn*

Mögliche Frage: *Wie sind deine Nachbarn?*
Mögliche Antwort: *Sie sind sehr nett.*

Beispiel:

Thema: **Wohnen**

Nachbarn

11 Spielt den Dialog: Fragt und antwortet.

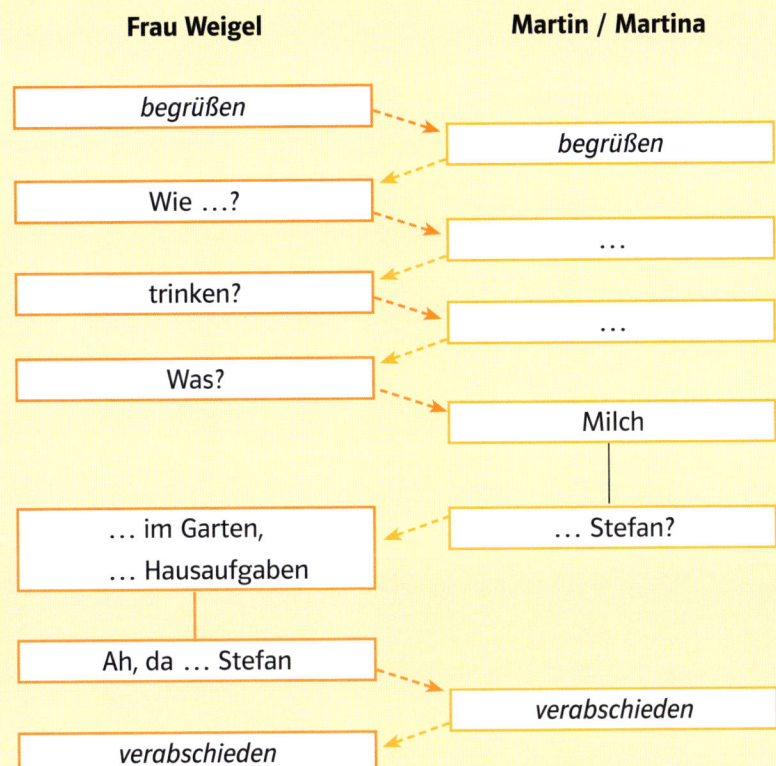

Frau Weigel   Martin / Martina

begrüßen → begrüßen
Wie …? ← …
trinken? → …
Was? ← Milch
… im Garten, … Hausaufgaben ← … Stefan?
Ah, da … Stefan → verabschieden
verabschieden

Modul 2
Training

siebenundsiebzig **77**

Grammatik

1. Personalpronomen (2)

der Tisch	→	er
die Lampe	→	sie
das Regal	→	es
die Eltern	→	sie

TIPP: Merk dir die Signal-Endungen.
-r (de**r**, e**r**), -e (di**e**, si**e**), -s (da**s**, e**s**), -e (di**e**, si**e**)

Lies laut.

Das ist mein CD-Player. — ● ist sehr gut.
Und das ist meine Gitarre. — ● ist neu.
Ist das dein Bett? — Ja, ● ist sehr groß.
Wo sind die Stühle? — ● sind im Abstellraum.

2. Bestimmter und unbestimmter Artikel

a. Lies die Tabelle.

	maskulin	feminin	neutral	Plural
bestimmter Artikel	der Tisch	die Lampe	das Bett	die Eltern
unbestimmter Artikel	ein Tisch	eine Lampe	ein Bett	Eltern

Ergänze die Regel:

Im Deutschen gibt es ● Artikel.

TIPP: Lern immer Artikel + Substantiv: der Tisch, die Lampe, das Bett.

b. Lies die Beispiele.

→ **Das** ist **eine** Lampe. **Die** Lampe ist sehr modern.
→ **Das** ist **ein** Regal. **Das** Regal ist praktisch.
→ **Das** ist das Wohnzimmer.
→ **Das** sind meine Eltern.

→ das: = Demonstrativ

Beachte: eine Lampe   — die Lampe
            (eine von vielen)   (die hier)
            ein Regal   — das Regal
            (ein Regal von vielen) (das hier)

c. Übersetze die Beispiele von b in deine Sprache.

3. Die Fragewörter *wer*? und *was*?

Lies die Beispiele.

Wer ist das? – Das ist Frau Weigel. **Wer?** → Personen
Was ist das? – Das ist eine Lampe. **Was?** → Sachen
Was möchtest du trinken? Kaffee oder Tee?

4. Wie geht's?

a. Lies die Beispiele.

Frage	oder:	Antworten
Wie geht's? =	Wie geht es Ihnen?	– Mir geht es gut.
(Kurzform)	(höflich: Singular und Plural)	Mir geht's gut.
=	Wie geht es dir?	– Mir geht es gut.
	(Freunde, Familie)	Mir geht's gut.

b. Wie sagt man in deiner Sprache?

5. Satzstruktur

a. Lies die Beispiele.

Die Weigels	wohnen	in Augsburg.
Hier	machen	wir Hausaufgaben.
Kaffee	trinke	ich nicht so gern,
ich	trinke	lieber Tee.
1	2	3

b. Wo steht das **Verb**? Wo steht das Substantiv?

Ergänze die Regeln:

– Das Verb steht auf Position ●.
– Vor dem Verb steht das ● oder ein ● oder eine ●.
– Wenn vor dem Verb ein Adverb oder eine Ergänzung steht:
  → Substantiv nach dem Verb.

Wie ist es in deiner Sprache?

6. Ich möchte ...

a. Lies das Beispiel.

Was **möchtest** du **trinken**? – Ich **möchte** ein Glas Mineralwasser **trinken**.

Beachte: **möchte** + Infinitiv

Ergänze die Regel:

„möchte" steht auf Position ⬢, der Infinitiv steht am ⬢.

b. Übersetze das Beispiel in deine Sprache. Wie sagst du „möchte"?

c. Schau die Tabelle an. Was fällt auf?

		(kein Infinitiv)	
1.	ich	möcht**e**	Singular
2.	du	möcht**est**	Singular
3.	er, sie	möcht**e**	Singular
1.	wir	möcht**en**	Plural
2.	ihr	möcht**et**	Plural
3.	sie	möcht**en**	Plural
4.	Sie	möcht**en**	höflich: Singular + Plural

Ergänze die Regel:

1. Person und 3. Person sind ⬢.

achtzig

7. Nominativ und Akkusativ (1)

a. Nominativ: Lies die Beispiele. Such das Subjekt.

Ein Kanarienvogel spricht nicht, **ein** Kanarienvogel singt.
Eine Katze trinkt keine Cola, **eine** Katze trinkt Milch.
Hier ist **ein** Glas Wasser.

m (maskulin)
f (feminin)
n (neutral)

Beachte: Das Subjekt ist im Nominativ: ein Kanarienvogel, eine Katze, ein Glas Wasser.

b. Akkusativ: Lies die Beispiele. Such das Objekt.

Ich habe **einen** Kanarienvogel und **eine** Katze.
Ich trinke **ein** Glas Milch.

Beachte: Das Objekt ist im Akkusativ: ein**en** Kanarienvogel, eine Katze, ein Glas Milch.
Nur Artikel maskulin hat eine besondere Form im Akkusativ: ein → ein**en**

c. Lies die Tabelle.

Unbestimmter Artikel:

	maskulin	feminin	neutral
Nominativ	ein	eine	ein
Akkusativ	ein**en**	eine	ein

d. Lies die Sätze laut. Übersetze danach die Sätze in deine Sprache.

Mein Zimmer ist sehr gemütlich. Es hat ● Sofa, ● Regal, ● Tisch und zwei Stühle.
Ich habe auch ● Computer.

6

8. Die Negation *nicht*, *kein* (1)

a. Lies die Beispiele.

Ist der Garten groß? – Nein, er ist **nicht** groß.
Ist die Küche modern? – Nein, sie ist **nicht** modern.

Ist das **ein** Sofa? – Nein, das ist **kein** Sofa.

Hast du **einen** Hund? – Nein, ich habe **keinen** Hund, sondern eine Katze.

Habt ihr Haustiere? – Nein, wir haben **keine** Haustiere.

b. Lies die Tabelle.

	maskulin	feminin	neutral	Plural
Nominativ	kein	keine	kein	keine
Akkusativ	kein**en**	keine	kein	keine

Beachte: Der Garten ist nicht groß, **aber** schön.
Das ist kein Schrank, **sondern** ein Regal. (↔)

c. Übersetze die Sätze in deine Sprache. Wie übersetzt du „aber" und „sondern"?

9. Das Verb *mögen*

a. Lies die Beispiele und übersetze sie. Wie sagst du „ich mag" in deiner Sprache?

Ich mag Hunde. | Ich mag Rockmusik. | Ich mag Cola. | Ich mag keine Milch.

b. Schau die Tabelle an. Was fällt auf?

		mögen	
1.	ich	mag	Singular
2.	du	magst	
3.	er, sie	mag	
1.	wir	mögen	Plural
2.	ihr	mögt	
3.	sie	mögen	
4.	Sie	mögen	höflich: Singular + Plural

● mögen: = unregelmäßiges Verb

Ergänze die Regel:

1. Person und 3. Person sind ●.

TIPP: Lern: ich mag – er mag – wir mögen

10. Das Fragewort *woher*? und die Präposition *aus*

Lies die Beispiele. Übersetze in deine Sprache.

Woher kommst du?   – Ich komme **aus** Deutschland.
                         – Ich komme **aus der** Türkei.

11. man

a. Lies die Beispiele. Wie sagt man „man" in deiner Sprache? Was bedeutet „man"?

In Portugal spricht **man** Portugiesisch. Was spricht **man** in der Schweiz?

b. Welche Form hat das Verb bei „man"? Lies laut.

In Österreich ● man viel Kaffee,   trinken
man ● dort Deutsch,   sprechen
aber man ● auch viel Türkisch.   hören

12. Verben: Präsens (2)

Schau die Tabelle an.

		sprechen	arbeiten	
1.	ich	spreche	arbeite	Singular
2.	du	sprichst	arbeitest	
3.	er, sie	spricht	arbeitet	
1.	wir	sprechen	arbeiten	Plural
2.	ihr	sprecht	arbeitet	
3.	sie	sprechen	arbeiten	
4.	Sie	sprechen	arbeiten	höflich: Singular + Plural

● sprechen: = unregelmäßiges Verb; 2. und 3. Person: e → i

TIPP: Lern: ich spreche – du sprichst

Beachte: Verbstamm mit -t: → 2. und 3. Person Singular, 2. Person Plural mit e

---

Lösungen für ●:

❶ Das ist mein CD-Player. **Er** ist sehr gut. Und das ist meine Gitarre. **Sie** ist neu. Ist das dein Bett? – Ja, **es** ist sehr groß. Wo sind die Stühle? – **Sie** sind im Abstellraum.
❷ Im Deutschen gibt es **drei** Artikel.
❸ Das Verb steht auf Position **2**. Vor dem Verb steht das **Substantiv** oder ein **Adverb** oder eine **Ergänzung**.
❹ „möchte" steht auf Position **2**, der Infinitiv steht **am Ende**.
❺ 1. Person und 3. Person sind **gleich**.
❻ Es hat **ein** Sofa, **ein** Regal, **einen** Tisch ... Ich habe auch **einen** Computer.
❼ 1. Person und 3. Person sind **gleich**.
❽ In Österreich **trinkt** man viel Kaffee, man **spricht** dort Deutsch, aber man **hört** auch viel Türkisch.

Modul 2

Teste dein Deutsch!
Wortschatz und Grammatik

1 Notier 5 Haustiere mit Artikel.

2 Notier die Zimmer in deiner Wohnung mit Artikel.

3 Notier 5 Länder und 5 Sprachen.

4 Schreib 5 Fragen und Antworten.

Wer? Wo? Woher? Was? Wie?

wohnen heißen sein arbeiten kommen trinken

5 Wie heißen die Pluralformen?

der Apfel – die ••• , die Wurst – die ••• , der Kanarienvogel – die •••

6 Was passt hier?

a. ...1... Zimmer ist sehr schön. Es hat ...2... Bett, ...3... Tisch, ...4... Stühle, aber ...5... Sofa. Ich habe auch ...6... Haustiere, ...7... Hamster und ...8... Goldfische.

b. Herr Martinez kommt ...9... Barcelona, er ...10... schon viele Jahre ...11... Deutschland.
Er ...12... perfekt Deutsch. Frau Martinez ...13... lieber in Spanien leben. Die Familie Martinez hat ...14... Haustiere.

1 meine mein	2 ein eine	3 ein einen	4 einen zwei	5 keine kein	6 zwei ein	7 eine einen
8 eine –	9 in aus	10 arbeite arbeitet	11 in aus	12 sprecht spricht	13 möchte möchtet	14 kein keine

Selbstkontrolle

 Lösungen auf Seite 132

Du hast ...
... maximal 4 Fehler: SEHR GUT! Mach weiter so!
... 5 bis 8 Fehler: noch o.k. Aber du kannst es besser!
... mehr als 8 Fehler: Wiederhol die Übungen von Modul 2.

MODUL 3

Alltägliches

Du lernst …

- Essen und Getränke für die Pause benennen
- kleine Mahlzeiten bestellen
- nach dem Preis fragen
- die Namen von Schulsachen
- die Namen von Unterrichtsfächern
- die Namen der Wochentage
- die Namen von Fernsehsendungen
- die Uhrzeiten (offiziell, privat)
- deinen Stundenplan, deinen Tagesablauf und deinen Wochenplan beschreiben
- Lieder auf Deutsch

- andere fragen
  Was isst du in der Pause?
  Was möchtest du essen?
  Hast du Hunger?
  Hast du Durst?
  Brauchst du die Schere?
  Wie findest du die Sendung?
  Wie viel Uhr ist es?
  Um wie viel Uhr frühstückst du?
  Wann fährst du zur Schule?

- auf Fragen antworten
  Ich esse einen Apfel.
  Ich möchte einen Joghurt.
  Ja, ich habe Hunger.
  Nein, ich habe keinen Durst.
  Ja, (Nein), ich brauche sie (nicht).
  Ich finde sie prima / langweilig / …
  Es ist 22.00 Uhr.
  Um 7.00 Uhr.
  Um halb acht.

Du lernst Tinas Stundenplan, Tinas Tagesablauf und Tinas Wochenplan kennen.

Modul 3 — Lektion 1: Was isst du in der Pause?

- Stefan, was möchtest du in der Pause essen? Einen Apfel?
- Und du Tina? Was isst du heute?
- Nein, Mutti, keinen Apfel. Ich esse lieber einen Schokoriegel.
- Nichts, ich habe keinen Hunger.

1 Was sagen sie? Hör zu. ▶62

2 Lies und ergänze dabei.

Bausteine

Frau Weigel: Stefan, was möchtest du in der Pause essen? Einen Apfel?

Stefan: Nein, Mutti, … Ich esse lieber …

Frau Weigel: Und du, Tina? Was …

Tina: Nichts, ich …

3 Hör zu und sprich nach. ▶63

Ich esse ...   Ich trinke ...

einen: Kuchen, Schokoriegel, Joghurt, Apfel, Saft

eine: Banane, Birne, Cola, Tafel Schokolade, Limonade

ein: Käsebrot, Wurstbrot, Mineralwasser, Stück Torte

Chips, Knäckebrote

4 Reihenübung: Fragt und antwortet.

Was isst du in der Pause? → Ich esse **einen** Kuchen. Und du? Was isst du in der Pause?
→ Ich esse **ein** Käsebrot. Und du? Was trinkst du in der Pause? → Ich trinke ...

Grammatik

ich	esse
du	**isst**
er, sie, es	**isst**

siebenundachtzig 87

5 Blau, rot oder grün? Spiel mit.

6 Ich habe Hunger. Ich habe Durst.
Fragt und antwortet wie in den Beispielen a und b.

Ich habe Hunger. Ich esse …
Ich habe Durst. Ich trinke …

a. ● Hast du Hunger?
● Ja, ich habe Hunger. Ich esse …

b. ● Hast du Durst?
● Ja, ich habe Durst. Ich trinke …

7 Was isst …? Fragt und antwortet wie im Beispiel.

Oliver
Marion
Karin
Daniel
Peter
Martina

● Was isst Oliver?
● Er isst **einen Kuchen**.

Grammatik
Akkusativ
Ich esse **einen** Apfel.
Du isst **eine** Banane.
Er isst **ein** Wurstbrot.

Ab S. 67: Ü 1, 2

8 Immer ... Nein! Fragt und antwortet wie im Beispiel.

  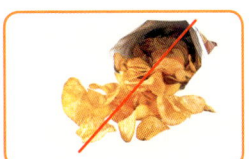 

- Möchtest du einen Joghurt?
- Nein, keinen Joghurt. Lieber eine Birne.

Grammatik

Ich esse keinen Joghurt.
Du isst keine Banane.
Er isst kein Käsebrot.
Er isst keine Chips.

AB S. 68: Ü. 3, 4, 5

9 Was passt zusammen? Spiel mit.

Schreibt die Fragen und die Antworten auf Karten. Bildet zwei Gruppen. Gruppe 1 bekommt die Frage-Karten, Gruppe 2 die Antwort-Karten. Jeder hat eine Karte und sucht seinen Partner. Das erste Paar gewinnt.

Was isst du in der Pause?	Ich esse einen Joghurt.
Möchtest du ein Käsebrot?	Nein, kein Käsebrot.
Möchtest du ein Stück Torte?	Ja, gerne!
Eine Banane?	Nein, lieber einen Apfel.
Was möchtest du trinken?	Eine Cola, bitte.
Eine Cola?	Nein, danke, keine Cola.
Was isst Klaus?	Er isst einen Schokoriegel.

10 Was essen / trinken sie in der Pause? Schreib die Antworten in dein Heft. ▶ 64

Markus	a. Joghurt	d. Käsebrot	f. Banane
Eva	b. Schokoriegel	e. Knäckebrot	g. Saft
Bettina	c. Apfel		

Markus isst … / Eva … / Bettina …

▶ AB S. 68: Ü. 6

11 Hör zu. ▶ 65

Speisen		Getränke	
Gulaschsuppe	€ 2,35	**Dose** Cola	€ 1,50
Paar Würstchen mit Brot	€ 1,60	**Dose** Fanta	€ 1,50
Currywurst	€ 1,70	**Flasche** Mineralwasser	€ 1,70
Schinkenbrötchen	€ 1,30	**Tasse** Kaffee	€ 1,80
Hamburger	€ 2,25	**Glas** Tee	€ 1,30
Stück Pizza	€ 2,00		
Portion Pommes frites	€ 2,00		
mit Ketchup	€ 2,20		

Modul 3 Lektion 1

12 Fragt und antwortet wie in den Beispielen a und b.

a. ● Was nimmst du?
● Ich nehme ein Paar Würstchen mit Brot.

b. ● Was kostet eine Gulaschsuppe?
● Sie kostet 2 Euro 35.

Grammatik
ich	nehme
du	nimmst
er, sie, es	nimmt

▶ AB S. 69-70: Ü. 7, 8, 9

Wortschatz wiederholen!

13 Wie sagt man auf Deutsch?

Ich möchte einen / eine / ein ...

14 Was passt zusammen? Spielt Minidialoge. Es gibt mehrere Lösungen.

1. Möchtest du ein Käsebrot?
2. Was möchtest du trinken?
3. Ich habe Durst.
4. Ich möchte gern Chips.
5. Magst du Schokoriegel?
6. Isst du keinen Kuchen?

a. Ein Glas Limonade.
b. Warum trinkst du keine Cola?
c. Nicht so gern. Ich esse lieber Chips.
d. Ja, aber auch Äpfel.
e. Nein, danke. Ich habe keinen Hunger.
f. Ich auch.

▶66 Intonation! Hör gut zu und sprich nach!

● Was isst du in der Pause? ↗
● Ich esse ein Käsebrot. ↘

● Möchtest du einen Joghurt? ↗
● Nein, danke, keinen Joghurt. ↘

● Was nimmst du? ↗
● Ich nehme eine Currywurst. ↘

● Was kostet ein Hamburger? ↗
● Ein Hamburger kostet 2 Euro 25. ↘

Du kannst …

fragen	auf Fragen antworten	
Was möchtest du in der Pause essen?	Ich esse einen Apfel.	✓
Und was möchtest du trinken?	Ich trinke eine Cola.	✓
	… … …	
Isst du einen Apfel?	Nein, ich esse keinen Apfel.	✓
Trinkst du eine Cola?	Nein, ich trinke keine Cola.	✓
	… … …	
Möchtest du einen Hamburger?	Nein, ich nehme lieber eine Currywurst.	✓
Was kostet eine Currywurst?	1 Euro 70.	✓
	… … …	
Möchtest du (et)was essen?	Ja, gern. Ich habe Hunger.	✓
Und auch (et)was trinken?	Nein, danke. Ich habe keinen Durst.	✓
	… … …	
Isst du lieber Bananen oder Äpfel?	Ich esse lieber Bananen.	✓

AB S. 71: Ü. 10, 11

▶ 67

Wir singen: Keinen Apfel, bitte!

Kei - nen Ap - fel, Mut - ti, bit - te sehr, kei - nen
Jo - ghurt, Mut - ti, bit - te sehr! Was isst du denn? Was trinkst du denn? Was
isst du denn? Was trinkst du denn? Ei - nen Scho - ko - rie - gel, Mut - ti, den ess' ich so
gern! Ei - nen Scho - ko - rie - gel, Mut - ti, den ess' ich so gern!

Meine Schulsachen

Lektion 2

Modul 3

der
- Bleistift
- Kugelschreiber
- Spitzer
- Radiergummi
- Textmarker
- Filzstift

das
- Buch
- Heft
- Lineal
- Mäppchen

die
- Schultasche
- Schere
- Mappe
- Landkarte

1 Hör zu und sprich nach. ▶68

2 Bau die Wörter wieder zusammen. Wie heißt der Artikel?

blei – mäpp – buch – marker – zer – stift – kugel – li – re – schul – land – tasche – heft – sche – spit – pe – schreiber – chen – karte – radier – neal – stift – gummi – filz – map – text

die Mappe, …

3 Finde gleiche Pluralformen.

ein Spitzer – zwei Spitzer
ein Textmarker – zwei …

…

ein Bleistift – zwei Bleistifte
ein Lineal – …

…

eine Schere – …

die (zwei, drei …)
- Bücher
- Hefte
- Bleistifte
- Filzstifte
- Lineale
- Kugelschreiber
- Mäppchen
- Textmarker
- Spitzer
- Landkarten
- Mappen
- Scheren
- Schultaschen
- Radiergummis

dreiundneunzig

Modul 3 Lektion 2

4 Buchstabenspiel.

3 bis 4 Personen sind eine Gruppe. Schreibt die Wörter auf Karten.

BLEISTIFT SPITZER HEFT TEXTMARKER SCHERE BUCH
MÄPPCHEN LINEAL

Schneidet die Karten durch (✂). Mischt die Buchstaben.

S P I T Z E R   S C H E R E ...

Der Lehrer / Die Lehrerin sagt ein Wort. Ihr legt schnell das Wort.
Wer ist zuerst fertig?

5 Blau, rot oder grün? Spiel mit.

6 Was hast du in deinem Mäppchen?
Schreib 4 Listen in dein Heft.

Ich habe ...

| einen ... | eine ... | ein ... | zwei, drei ... |

7 Reihenübung: Fragt und antwortet wie in den Beispielen.

a.
Was hast du in deinem Mäppchen? → Ich habe drei Kugelschreiber, zwei Bleistifte, einen Textmarker und ein Lineal.
Und was hast du in deinem Mäppchen?
→ Ich habe eine Schere, …

b.
Wie viele Kugelschreiber hast du? → Ich habe drei Kugelschreiber.
Wie viele Bücher hast du? → Ich habe zwei Bücher. Wie viele …

8 Wie viele … hat Stefan in seiner Schultasche? Schreib die Antworten auf. ▶69

Bücher
Hefte
Spitzer
Bleistifte

Kugelschreiber
Textmarker
Lineale
Mappen

Stefan hat ••• Bücher, ••• Hefte, •••

AB S. 72: Ü. 1, 2

9 Fragen und Antworten. Übt zu zweit.

Brauchst du den Radiergummi?
→ Ja, den brauche ich.
→ Nein, den brauche ich nicht.

Brauchst du die Schere?
→ Ja, die brauche ich.
→ Nein, die brauche ich nicht.

Brauchst du das Lineal?
→ Ja, das brauche ich.
→ Nein, das brauche ich nicht.

Brauchst du die Bücher?
→ Ja, die brauche ich.
→ Nein, die brauche ich nicht.

Modul 3
Lektion 2

10 Wer sucht was? Fragt und antwortet wie im Beispiel.

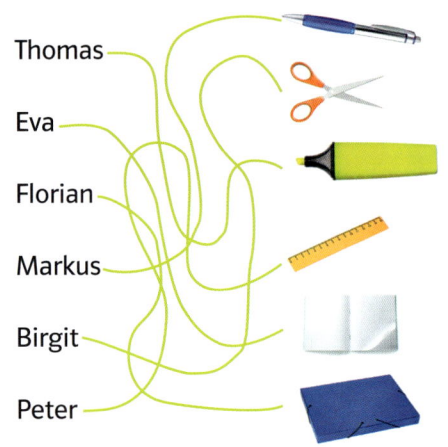

Thomas
Eva
Florian
Markus
Birgit
Peter

Grammatik

Nominativ	Akkusativ
der Spitzer	Ich suche den Spitzer.
die Tasche	Ich suche die Tasche.
das Lineal	Ich suche das Lineal.
die Bücher	Ich suche die Bücher.

● Was sucht Thomas?
● Thomas sucht den Textmarker.

AB S. 73-74: Ü. 3, 4, 5, 6

11 Lies Tinas Stundenplan.

Tinas Stundenplan

Montag	Dienstag	Mittwoch	Donnerstag	Freitag
Deutsch	Französisch	Deutsch	Musik	Kunst
Mathematik	Französisch	Deutsch	Musik	Kunst
Sport	Religion	Mathematik	Geschichte	Biologie
Sport	Englisch	Mathematik	Erdkunde	Mathematik
Erdkunde	Geschichte	Englisch	Englisch	Deutsch
Biologie	Deutsch	Geschichte	Französisch	Informatik

12 Mach zwei Listen in deinem Heft.

Diese Fächer erkenne ich:	
Deutsch:	Meine Sprache:
Englisch	...

Diese Fächer erkenne ich nicht:	
Deutsch:	Meine Sprache:
...	...

13 Reihenübung: Fragt und antwortet.

⇄ Was ist dein Lieblingsfach? → Mein Lieblingsfach ist Musik. Was ist dein Lieblingsfach? → Mein Lieblingsfach ist …

▶ AB S. 75-76: Ü. 7, 8, 9

14 Fragen und Antworten: Übt zu zweit.

a.
● Was hat Tina am Montag?
● Am Montag hat sie Deutsch, Mathematik, Sport, Erdkunde und Biologie.

b.
● Wann hat Tina Deutsch?
● Am Montag, am Dienstag, am Mittwoch und am Freitag.

Am Samstag habe ich keine Schule!

Grammatik
am Montag
am Dienstag
…

▶ AB S. 76: Ü. 10

15 Wie findest du … ?

Tina, wie findest du Mathe?

Mathe finde ich langweilig!

Fragt und antwortet in der Klasse.

Grammatik
ich · finde
du · find**est**
er, sie, es · find**et**

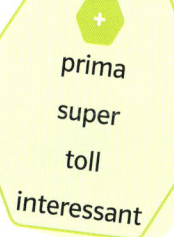

+
prima
super
toll
interessant

−
langweilig
doof
uninteressant
schwer

▶ AB S. 76: Ü. 11, 12

Modul 3 Lektion 2

16 Welche Fächer mag Tina? Welche Fächer mag sie nicht? ▶70

Erdkunde + –
Englisch + –
Französisch + –
Geschichte + –
Deutsch + –
Sport + –
Musik + –
Mathe + –

▶ AB S. 77: Ü. 13

Wortschatz wiederholen!

17 Erkennst du die Fächer? Schreib die Wörter in dein Heft.

a. tueshcd   c. tegechschi   e. uiskm
b. amkitmaeth   d. glinehsc   f. tikinmarfo

18 Wie heißen die Wochentage? Schreib in dein Heft.

19 In der Schule. Schreib die Antworten in dein Heft.

a. Wann hast du Deutsch?
b. Magst du Deutsch?
c. Wann hast du Sport?
d. Wann hast du Mathematik?
e. Hast du am Samstag Unterricht?
f. Welche Sprachen lernst du?
g. Was sind deine Lieblingsfächer?
h. Wie findest du Erdkunde?
i. Was macht ihr in Kunst?
j. Gehst du gern in die Schule?

▶72 Intonation! Hör gut zu und sprich nach!

- Was hast du in deinem Mäppchen? ↘
- Ich habe einen Spitzer und drei Kugelschreiber. ↘

- Was suchst du? ↗
- Ich suche das Lineal. ↗

- Brauchst du den Textmarker? ↗
- Nein, den brauche ich nicht. ↘

- Wie findest du Mathe? ↘
- Ich finde Mathe langweilig. ↘

Du kannst …

deine Schulsachen benennen ✓
deinen Stundenplan schreiben ✓
die Wochentage nennen ✓

… … …

fragen | *auf Fragen antworten*

Brauchst du den Textmarker? — Ja, den brauche ich. ✓
Brauchst du die Schere? — Ja, die brauche ich. ✓
Brauchst du das Lineal? — Nein, das brauche ich nicht. ✓
Brauchst du einen Radiergummi? — Nein, ich brauche keinen Radiergummi. ✓

… … …

Wie findest du Biologie? — Ich finde Biologie super / langweilig / … ✓
Was sind deine Lieblingsfächer? — Musik und Sport. / … ✓

> AB S. 77-78: Ü. 14, 15, 16, 17, 18, 19

▶73 Wir singen: Hast du alles mit?

Hast du alles mit? Die Bücher und das Matheheft?
Ja, die Bücher habe ich, das Matheheft ist auch dabei.
Ja, ich habe alles mit. Mutti, auf Wiedersehen!

Hast du alles mit?
Den Spitzer und den Bleistift?
Ja, den Spitzer habe ich,
der Bleistift ist auch dabei.
Ja, ich habe alles mit.
Mutti, auf Wiedersehen.

Hast du alles mit?
Die Hefte und das Deutschbuch?
Nein, die Hefte hab' ich nicht,
das Deutschbuch ist auch nicht da.
Nein, das habe ich vergessen.
Mutti, danke schön.

Modul 3 — Lektion 3: Was gibt es im Fernsehen?

ARD	ZDF	KIKA
8.00 Checker Can	7.00 Wickie … und die starken Männer	9.45 Eene Meene Bu – und dran bist du
8.25 neuneinhalb	7.45 Das Dschungelbuch	9.55 Oli's Wilde Welt
8.35 Ein Fall für B.A.R.Z.	8.35 Bibi Blocksberg	10.10 3, 2, 1 … keins! – Das OLI-Quiz
9.50 neuneinhalb	9.25 Bibi und Tina	10.20 Tanzalarm!
10.00 Tageschau	9.50 Peter Pan – neue Abenteuer	10.45 Tigerenten Club
10.03 Mama ist unmöglich!	10.10 Pippi Langstrumpf	11.45 Geronimo Stilton
10.30 Storm – Sieger auf vier Pfoten	11.00 heute	12.30 Tim und Struppi
12.03 Verrückt nach Meer	11.05 Die Küchenschlacht – der Wochenrückblick	12.55 Die fantastische Welt von Gumball
12.45 Lust auf Deutschland	13.05 heute	13.20 Garfield
13.30 Pfarrer Braun	13.10 Zwei Ärzte sind einer zu viel	13.45 motzgurke.tv
15.00 Tageschau	14.40 Sport extra	14.10 Schloss Einstein
15.03 Tim Mälzer kocht!	17.05 Länderspiegel	15.00 Das Geheimnis des Magiers
16.00 16 x Deutschland Menschen – Orte – Geschichten	17.45 Menschen – das Magazin	16.25 Chi Rho – das Geheimnis
18.00 Sportschau	18.00 ML Mona Lisa	17.35 Kailerei
		18.00 Raymond
		18.15 Tabaluga

1 Lies das Fernsehprogramm. Welche Sendungen kennst du?

2 Antworte.

- Bist du ein Fernsehfan?
- Siehst du gern fern?
- Wie viele Stunden pro Tag siehst du fern?
- Von wann bis wann?

3 Mach eine Umfrage in deiner Klasse.

Name	Sieht er/sie gern fern?	Wie viele Stunden pro Tag?	Von wann bis wann?
Elisa	ja	2	18.00 – 20.00 Uhr
Boris	nicht so gern	½	19.00 – 19.30 Uhr
…	…	…	…

4 Berichte über die Umfrage oben.

Elisa sieht gern fern. Sie sieht zwei Stunden pro Tag fern, und zwar von 18.00 bis 20.00 Uhr. Boris sieht nicht so gern fern. Er sieht …

Grammatik
- Von wann bis wann?
- Von achtzehn bis zwanzig Uhr.

5 Erkennst du die Sendung? Ordne zu.

a. der Krimi, -s
b. das Kulturprogramm, -e
c. die Zeichentrickserie, -n
d. die Nachrichten
e. der Film, -e
f. die Sportsendung, -en
g. der Dokumentarfilm, -e
h. die Quizshow, -s

1	2	…
…	…	…

6 Zur Kontrolle: Hör zu und sprich nach. ▶74

AB S. 79: Ü. 1, 2

"Ich sehe gern Filme und Sportsendungen. Und du? Was siehst du gern?"

7 Reihenübung: Fragt und antwortet.

Ich sehe gern Quizshows. Was siehst du gern?
→ Ich sehe gern Sportsendungen. Was siehst du gern? → Ich sehe gern …

Grammatik

ich	sehe
du	si**e**hst
er, sie, es	si**e**ht

8 Welche Sendung ist das? Spielt Minidialoge wie im Beispiel.

a. *Polizeiruf 110*
b. *ZDF-Expedition: Mount Everest*
c. *Titanic*
d. *Treffpunkt Kultur*
e. *Sportstudio*
f. *Garfield*
g. *Wer wird Millionär?*
h. *Tagesschau*

1. Film
2. Quizshow
3. Dokumentarfilm
4. Sportsendung
5. Nachrichten
6. Krimi
7. Kulturprogramm
8. Zeichentrickserie

● Titanic. Was ist das?
● Das ist ein Film.

"Meine Lieblingssendung ist Schloss Einstein. Was ist deine Lieblingssendung?"

AB S. 80–82: Ü. 3, 4, 5, 6

9 Wie findest du die Sendung? Spielt Minidialoge.

Komödie
Dokumentarfilm
Kulturprogramm
Sportsendung
Konzert
Film
Talkshow
Krimi
Nachrichten

toll
interessant
uninteressant
lustig
blöd
langweilig
unterhaltsam
informativ
spannend

Tina, wie findest du den Film?

Ich finde ihn spannend.

Grammatik

der Film	Ich finde **ihn** spannend.
die Serie	Ich finde **sie** lustig.
das Programm	Ich finde **es** langweilig.
die Nachrichten	Ich finde **sie** interessant.

▶ AB S. 82–83: Ü. 7, 8, 9

10 Uhrzeiten offiziell: Hör zu und sprich nach. ▶ 75

09:00	neun Uhr
12:00	zwölf Uhr
08:30	acht Uhr dreißig
14:30	vierzehn Uhr dreißig
10:15	zehn Uhr fünfzehn
20:15	zwanzig Uhr fünfzehn
09:45	neun Uhr fünfundvierzig
18:45	achtzehn Uhr fünfundvierzig

einhundertdrei

11 Lies das Fernsehprogramm. Mach dann die Aufgaben 12, 13 und 14.

13.00	*Mittagsmagazin*,	Nachrichten
14.00	*Garfield*,	Zeichentrickserie
14.30	*Der Sheriff von Texas*,	Film
16.15	*Sportschau*	
17.00	*Universum*,	Dokumentarfilm
18.05	*SOKO Köln*,	Krimiserie
19.00	*heute*,	Nachrichten
19.30	*Die Bergretter*,	Dramaserie
20.15	*Wetten, dass …?*	Fernsehshow
22.45	*Das blaue Sofa*,	Kulturprogramm

12 Wann gibt es …?

Mach vier Listen in deinem Heft.
Schreib die Sendungen von 11 in die richtige Liste.

Grammatik
es gibt + Akkusativ

Wann gibt es …

| einen Film, … | eine … | ein … | – … | ? |

13 Fragt und antwortet wie in den Beispielen.

a.
● Wann gibt es eine Sportsendung?
● Um 16.15 Uhr.

b.
● Was gibt es um 19.30 Uhr?
● Es gibt *Die Bergretter*, eine Dramaserie.

▶ AB S. 83–84: Ü. 10, 11, 12

14 Wann beginnen die Sendungen? ▶ 76

Was?	Wann?
a. *Notting Hill*, amerikanischer Spielfilm	18.50
b. *Das Glücksrad*, Quizshow	20.15
c. *Sport am Montag*	22.10
d. *Tagesthemen*, Nachrichten aus der Welt	19.30
e. *Hallo Deutschland*, Kulturprogramm	21.30

Sendung	e.	a.	…
Uhrzeit	18.50	…	…

▶ AB S. 84: Ü. 13

Wortschatz wiederholen!

15 Wie heißen die Sendungen? Wie viele Kombinationen findest du?

Sport-
Nachrichten-
Krimi-
Dokumentar-
Quiz-
Zeichentrick-
Spiel-
Mittags-
Talk-

die Serie
der Film
die Sendung
die Show
die Schau
das Magazin

die Sportsendung, die Sportschau, …

16 Wie viel Uhr ist es?

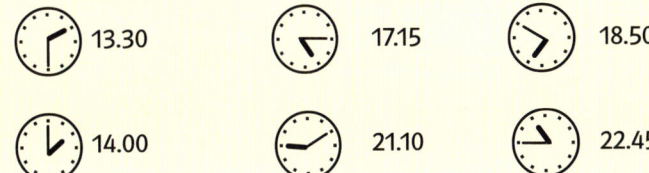

17 Wie findest du die Sendung? Hier sind 11 Adjektive versteckt. Mach zwei Listen in deinem Heft.

alrinteressantcdeblödwxrlustigrtulangweiliggfi
kjhunterhaltsamoiinformativxcüspannendäeb
xsetollzvcuninteressantnlmnettjumdoofxyb

18 Was passt zusammen? Spielt Minidialoge.

1. Hast du das Fersehprogramm?
2. Was gibt es denn heute Abend?
3. Dokumentarfilme sind langweilig.
4. Gibt es keinen Krimi?
5. Ich sehe die Tagesthemen gern.
6. Der Zeichentrickfilm ist toll.
7. Was ist denn *Wetten, dass …*?
8. Ich sehe heute nicht fern.

a. Das ist eine Fernsehshow.
b. Es gibt aber ein gutes Kulturprogramm.
c. Ich auch. Sie sind sehr informativ.
d. Ja, hier liegt es, auf dem Tisch.
e. Findest du?
f. Einen Dokumentarfilm, einen Krimi, …
g. Nein, leider nicht.
h. Ich finde ihn blöd.

einhundertfünf

▶78 **Intonation!** Hör gut zu und sprich nach!

- Siehst du gern fern? ↗
- Ja, ich sehe sehr gern fern. ↘

- Was ist deine Lieblingssendung? ↘
- Meine Lieblingssendung ist *Schloss Einstein*. ↘

- Was gibt es im Fernsehen? ↗
- Es gibt einen Krimi. ↘

- Wie findest du den Film? ↘
- Ich finde ihn lustig. ↘

- Wann gibt es Nachrichten? ↗
- Um 21.45 Uhr (einundzwanzig Uhr fünfundvierzig). ↗

Du kannst …

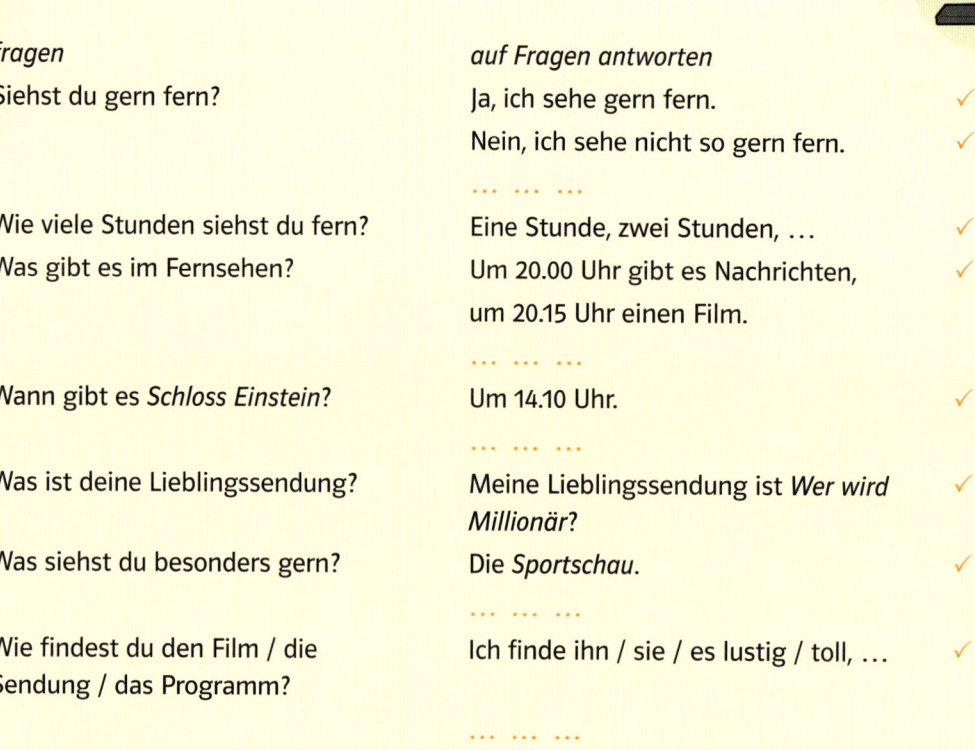

fragen	auf Fragen antworten	
Siehst du gern fern?	Ja, ich sehe gern fern.	✓
	Nein, ich sehe nicht so gern fern.	✓
	… … …	
Wie viele Stunden siehst du fern?	Eine Stunde, zwei Stunden, …	✓
Was gibt es im Fernsehen?	Um 20.00 Uhr gibt es Nachrichten, um 20.15 Uhr einen Film.	✓
	… … …	
Wann gibt es *Schloss Einstein*?	Um 14.10 Uhr.	✓
	… … …	
Was ist deine Lieblingssendung?	Meine Lieblingssendung ist *Wer wird Millionär?*	✓
Was siehst du besonders gern?	Die *Sportschau*.	✓
	… … …	
Wie findest du den Film / die Sendung / das Programm?	Ich finde ihn / sie / es lustig / toll, …	✓
	… … …	
Wie viel Uhr ist es?	Es ist zwanzig Uhr fünfzehn (20.15).	✓

▶ AB S. 85: Ü. 14, 15, 16

Um wie viel Uhr stehst du auf?

Lektion 4

Modul 3

zwei Uhr

Viertel nach zwei

zwanzig nach zwei

fünf vor halb drei

drei Uhr

Wie viel Uhr ist es?
Wie spät ist es?

halb drei

zehn vor drei

Viertel vor drei

fünf nach halb drei

1 Uhrzeiten privat: Hör zu und sprich nach. ▶79

2 Welche Uhr zeigt welche Zeit?

a. Es ist Viertel vor vier.
b. Es ist halb zehn.
c. Es ist fünf nach halb drei.
d. Es ist acht Uhr.
e. Es ist zehn vor zwölf.
f. Es ist fünf nach sechs.

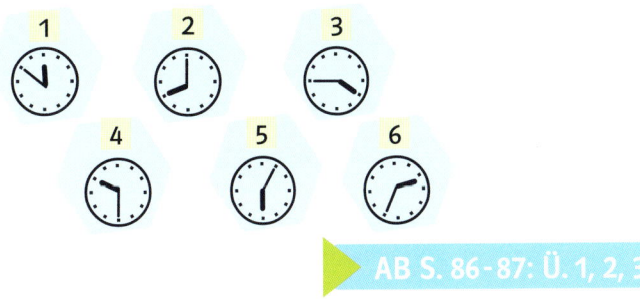

AB S. 86–87: Ü. 1, 2, 3

einhundertsieben 107

▶81

Wir singen: Was machst du um sieben Uhr?

Was machst du um sie-ben Uhr? Was machst du um sie-ben Uhr?
Ich steh' auf, geh' in die Kü-che, hö-re Ra-dio und früh-stü-cke.
Und was machst du um halb acht? Na, was machst du um halb acht?
Ich fahr' mit dem Bus zur Schu-le, und ich bleib' dort bis halb zwei.

Und was machst du nach der Schule?
Na, was machst du nach der Schule?
Immer Hausaufgaben machen,
ab und zu mal auch fernsehen.

Gehst du schwimmen, spielst du Tennis?
Treibst du manchmal auch Sport?
Tennis spielen tu' ich schon,
Das find' ich so wunderschön!

③ Tinas Tagesablauf.

Lies den Text und mach dann Übung 4.

1. Tina steht jeden Tag um 7.00 Uhr auf.
   Sie geht zunächst ins Bad. Dann geht sie in die
   Küche und frühstückt. Sie trinkt ein Glas Milch
   und isst Brot mit Butter und Marmelade.

2. Um 7.30 Uhr fährt Tina mit dem Bus zur Schule.
   Der Unterricht fängt um 8.10 Uhr an.
   Um 13.20 Uhr ist die Schule aus und Tina fährt
   nach Hause zurück.

3. Um 14.30 Uhr, nach dem Mittagessen,
   lernt Tina für die Schule. Dann ruft sie Brigitte an.
   Zweimal pro Woche, um 17.00 Uhr, geht sie
   in den Tennisclub. Sie spielt schon gut Tennis.

4. Um 19.00 Uhr isst Familie Weigel zu Abend.
   Nach dem Essen sieht Tina bis 21.30 Uhr fern.
   Dann geht sie schlafen.

4 Antworte.

1. Um wie viel Uhr steht Tina auf? – Um …
2. Um wie viel Uhr fährt Tina zur Schule? – Um …
3. Um wie viel Uhr fängt der Unterricht an? – Um …
4. Wie viele Stunden bleibt Tina in der Schule? – …
5. Was macht Tina um 13.20 Uhr? – Sie …
6. Was macht Tina am Nachmittag? – Sie …
7. Um wie viel Uhr isst sie zu Abend? – Um …
8. Was macht sie nach dem Abendessen? – Sie …

Grammatik

ich	fahre
du	fährst
er, sie, es	fährt

5 Was passt zusammen? Spielt Minidialoge wie im Beispiel.

Wann?

1. 7.00 Uhr
2. 7.30 Uhr
3. 8.10 Uhr
4. 13.20 Uhr
5. 14.30 Uhr
6. 17.00 Uhr
7. 19.00 Uhr
8. 20.45 Uhr
9. 21.30 Uhr

Was?

a. Tina macht Hausaufgaben.
b. Tina sieht fern.
c. Tina geht in den Tennisclub.
d. Tina steht auf.
e. Tina geht ins Bett.
f. Tina isst mit Vati, Mutti und Stefan zu Abend.
g. Tina fährt zur Schule.
h. Tina ist in der Schule und der Unterricht fängt an.
i. Tina fährt nach Hause zurück.

● Was macht Tina um 8.10 Uhr (zehn nach acht)?
● Um 8.10 Uhr (zehn nach acht) ist Tina in der Schule und der Unterricht fängt an.

Grammatik

aufstehen	Ich stehe auf.
anfangen	Der Unterricht fängt um 8.00 Uhr an.
fernsehen	Tina sieht bis 21.30 Uhr fern.
anrufen	Tina ruft Brigitte an.

▶ AB S. 87-88: Ü. 4, 5, 6, 7

6 Wie läuft dein Tag ab? Erzähle.

- Um wie viel Uhr stehst du auf?
- Wann frühstückst du?
- Was isst du zum Frühstück?
- Wann fährst du zur Schule?
- Um wie viel Uhr ist die Schule aus?
- Wie lange bleibst du in der Schule?
- Was machst du um 15.00 Uhr?
- Wann kommst du nach Hause zurück?
- Siehst du fern?
- Treibst du Sport?
- Wann isst du zu Abend?
- Um wie viel Uhr gehst du schlafen?

Ich stehe um … Uhr auf. Zum Frühstück esse ich …

▶ AB S. 89-90: Ü. 8, 9

7 Lies Tinas Wochenplan und mach dann Übung 8.

Tinas Wochenplan

	Montag	Dienstag	Mittwoch	Donnerstag
Vormittag	Schule	Schule	Schule	Schule
Nachmittag	ins Schwimmbad gehen	zu Brigitte gehen	in den Tennisclub gehen	zu Hause bleiben, für Klassenarbeit lernen

	Freitag	Samstag	Sonntag
Vormittag	Schule	ausschlafen	Fahrt nach München: Tante Eva besuchen
Nachmittag	in den Tennisclub gehen, Brigitte anrufen	mit Vati, Mutti und Stefan ins Kino gehen	

110 einhundertzehn

8 Fragt und antwortet wie in den Beispielen.

a. ● Was macht Tina am Sonntag?
   ● Am Sonntag fährt sie nach München.

b. ● Geht Tina am Montag zu Brigitte?
   ● Nein, am Montag geht sie ins Schwimmbad.

c. ● Wohin geht Tina am Mittwoch?
   ● Am Mittwoch geht Tina in den Tennisclub.

Grammatik

Wohin gehst du? – Ich gehe
→ **in den** Tennisclub.
→ **in die** Schule.
→ **ins** Schwimmbad.

9 Wohin geht Stefan diese Woche? ▶82

1. am Montagnachmittag
2. am Freitagnachmittag
3. am Donnerstagnachmittag
4. am Samstagabend
5. am Dienstagnachmittag
6. am Sonntagmorgen
7. am Mittwochabend

a. ins Kino
b. ins Restaurant
c. auf den Sportplatz
d. ins Schwimmbad
e. in den Park
f. in die Sprachschule
g. in die Kirche

1	2
…	…

Grammatik

Wann geht er ins Kino? – **Am** Samstagabend.
Um wie viel Uhr? – **Um** acht Uhr.

AB S. 90 - 91: Ü. 10, 11, 12

10 Wie ist dein Wochenplan? Was machst du in der Woche?

Mal den Wochenplan in dein Heft. Markier dann die Kästchen mit Farbe (Aktivitäten).

Uhrzeit	1	2	3	4	5	6	7	8	9	10	11	12	13	14	15	16	17	18	19	20	21	22	23	24
Montag																								
Dienstag																								
Mittwoch																								
Donnerstag																								
Freitag																								
Samstag																								
Sonntag																								

Aktivitäten

- Ich schlafe.
- Ich frühstücke.
- Ich bin in der Schule.
- Ich esse zu Mittag / Abend.
- Ich mache Hausaufgaben.
- Ich sehe fern.
- Ich treibe Sport (Fußball, Tennis, …).
- Ich spiele (z.B. am Computer, …).

11 Fragt und antwortet.

- Was machst du am Montag, um 5.00 Uhr?
- Ich schlafe.

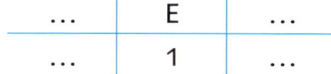
AB S. 91-92: Ü. 13, 14

12 Interview mit Martina. ▶83

Hör zu und bring die Interview-Teile in die richtige Reihenfolge.

…	E	…
…	1	…

A	● Hast du auch am Samstag Schule? ● Nein, Schule ist jeden Tag von Montag bis Freitag.
B	● Und was machst du da? ● Ich besuche einen Musikkurs. Ich lerne Gitarre spielen.
C	● Martina, sag mal, um wie viel Uhr stehst du auf? ● So, kurz vor 7.
D	● Hast du auch am Nachmittag Schule? ● Ja, am Mittwoch. Da bleibe ich bis 15.30 Uhr in der Schule.
E	● Also, Martina, in welcher Klasse bist du? ● Ich besuche die Klasse 8.
F	● Und wann ist der Unterricht aus? ● Um 13.15 Uhr.
G	● Um wie viel Uhr fängt die Schule an? ● Die Schule fängt um 8.05 Uhr an.
H	● Danke, Martina. ● Bitte sehr.

Wortschatz wiederholen!

13 Wohin gehst du? Übt zu zweit.

- Wohin gehst du?
- Ich gehe … Und du? Wohin gehst du?

▶84 Intonation! Hör gut zu und sprich nach!

- Wie viel Uhr ist es? ↘
- Es ist halb neun. ↘

- Um wie viel Uhr stehst du auf? ↘
- Ich stehe um sieben Uhr auf. ↘

- Was machst du am Samstagabend? ↘
- Am Samstagabend gehe ich ins Kino. ↘

Du kannst …

fragen	auf Fragen antworten	
Wie viel Uhr ist es? Wie spät ist es?	Es ist zehn Uhr / halb acht …	✓
Um wie viel Uhr stehst du auf?	Um Viertel nach sieben.	✓
Wann gehst du ins Kino?	Am Samstagabend.	✓
Was machst du am Mittwoch?	Am Mittwoch gehe ich in den Musikkurs.	✓
Wohin gehst du?	In den Sprachkurs. / In die Kirche. / Ins Schwimmbad. / Auf den Sportplatz.	✓

▶ AB S. 92–93: Ü. 15, 16, 17, 18

einhundertdreizehn

Wir trainieren

1 Hör das Interview zweimal. Was stimmt? ▶86

1. Der Mann heißt Meier.
2. Er arbeitet abends als Taxifahrer.
3. Seine Arbeit fängt um 22.00 Uhr an.
4. Seine Arbeit ist um 2.30 Uhr zu Ende.
5. Morgens steht er um 10.00 Uhr auf.
6. Er wohnt allein.

2 Hör das Interview zweimal. Was stimmt? ▶87

1. Frau Kohl arbeitet im Restaurant.
2. Frau Kohl arbeitet jeden Tag von Montag bis Sonntag.
3. Frau Kohl arbeitet acht Stunden pro Tag.
4. Von 18.00 bis 23.00 Uhr ist Frau Kohl immer zu Hause.
5. Annette ist eine Kollegin von Frau Kohl.
6. Frau Kohl steht jeden Tag um 8.00 Uhr auf.

3 Du hörst Eva auf dem Anrufbeantworter. Hör zweimal. ▶88
Wohin gehen Petra und Eva? Um wie viel Uhr?

1. Wohin gehen Petra und Eva?

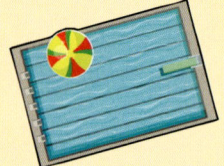  

a. Ins Schwimmbad.   b. In den Tennisclub.   c. In die Schule.

2. Um wie viel Uhr gehen sie?

a. Um halb vier.   b. Um vier.   c. Um Viertel nach vier.

hören

4 Du hörst Timo auf dem Anrufbeantworter. Hör zweimal. ▶89
Wohin gehen Timo und Max? Um wie viel Uhr?

3. Wohin gehen Timo und Max?

a. Ins Kino. b. Ins Konzert. c. In die Disko.

4. Um wie viel Uhr gehen sie?

a. Um halb neun. b. Um Viertel vor neun. c. Um neun.

5 Hör das Interview mit Klaus zweimal. Was stimmt? ▶90

1. In der Pause isst er …
   a. einen Schokoriegel.
   b. einen Apfel.
   c. ein Käsebrot.
   d. einen Joghurt.

2. Er besucht die Klasse …
   a. 5.
   b. 6.
   c. 7.
   d. 8.

3. Er lernt für die Schule …
   a. 3 Stunden, 14.30 – 17.30.
   b. 2 Stunden, 15.30 – 17.30.
   c. 2 Stunden, 14.00 – 16.00.
   d. Jeden Tag eine halbe Stunde.

4. Er treibt Sport, er …
   a. spielt Tennis.
   b. geht in die Turnhalle.
   c. joggt im Park.
   d. geht ins Schwimmbad.

5. Am Wochenende geht er …
   a. ins Kino.
   b. in die Disko.
   c. in die Pizzeria.
   d. ins Restaurant.

6. Er sieht gern …
   a. Sportsendungen.
   b. Krimis.
   c. Quizshows.
   d. Zeichentrickserien.

Modul 3 Training

einhundertfünfzehn

6 Am Schwarzen Brett hängen zwei Zettel. Verstehst du sie?

a.

> **Wer hat mein Mäppchen gefunden?**
>
> Ich finde mein Mäppchen nicht mehr! Drinnen sind mein Handy, meine Schreibsachen und mein Lineal. Ich habe es in der Schule vergessen.
> Es ist rot und gelb. Drauf steht die Schrift University.
> Ich brauche es dringend!!
>
> Florian Küppers
> Klasse 7D
> Telefon: 78 92 01

Was stimmt?

1. Florian sucht …
   a. sein Lineal.
   b. sein Handy.
   c. sein Mäppchen.

2. Florian hat es … vergessen.
   a. in der Klasse
   b. in der Schule
   c. in der Mensa

3. Florian ist in der Klasse
   a. 6B.
   b. 7D.
   c. 7E.

b.

> **Wir sehen uns morgen, Donnerstag, um 14.30 Uhr in der Schule!!**
>
> Warum?
> Wir wollen zusammen mit der Englischlehrerin einen Film sehen, und zwar „Notting Hill".
> Natürlich auf Englisch!
> Dann essen wir Pizza und Kuchen. Wir bleiben bis 18.30 Uhr in der Schule.
> Hast du Lust??

Was stimmt?

4. Das ist eine Anzeige für …
   a. eine Party.
   b. einen Fernsehnachmittag.
   c. einen Kinoabend.

5. Was machen sie dort?
   a. Sie hören Musik.
   b. Sie machen Hausaufgaben.
   c. Sie sehen einen Film.

6. Wann?
   a. Um 14.30 Uhr.
   b. Um 18.30 Uhr.
   c. Nach 18.30 Uhr.

lesen

Modul 3 Training

7 Fernsehen pro und kontra.
Was denkt Birgit über das Fernsehen?

> Ich bin kein Fernsehfan! Ich finde Fernsehen blöd! Natürlich gibt es manchmal auch interessante Sendungen und die sehe ich sehr gern, z.B. Krimis und Dokumentarfilme. Aber Quizshows! Sie sind so langweilig. Immer dasselbe!
> Ich finde, Fernsehen ist wie eine Droge. Hans, ein Freund von mir, sieht jeden Tag 4-5 Stunden fern. So ein Wahnsinn! Und er hat dann natürlich keine Zeit mehr für was anderes ... kein Sport, keine Bücher, keine Musik, kein Computer ... nur Fernsehen. Auch mein Vater ist ein Fernsehfan. Er kommt um 18.00 Uhr von der Arbeit zurück und er sieht dann den ganzen Abend fern. Er hat nie Zeit für mich.

Was stimmt?

1. Birgit sieht sehr gern fern.
2. Birgits Lieblingssendungen sind Quizshows.
3. Hans ist ein Freund von Birgit.
4. Hans hat viele Hobbys.
5. Der Vater von Birgit sieht viel fern.
6. Am Abend spricht Birgit lange mit ihrem Vater.

8 Lies die Geschichte von Franz Tutnix.

> Franz Tutnix ist sehr faul. Jeden Tag steht er um halb elf auf. Er frühstückt gemütlich: Er trinkt viel Kaffee und isst viel Brot, Wurst, Käse, Marmelade und einen Joghurt. Um elf ist er fertig. Dann geht er spazieren. Zweimal pro Woche geht er in den Supermarkt und kauft ein. Er kauft immer viel Schokolade! Um Viertel nach eins ist er wieder zu Hause und isst zu Mittag. Nach dem Essen, so gegen zwei Uhr, geht er schlafen, denn er ist schon wieder so müde. Um vier Uhr ist er wieder frisch und munter. Er hört Musik und sieht fern. Um sieben gibt es dann Abendessen. Etwa um halb neun geht Franz aus. Er geht in die Kneipe oder ins Café. Manchmal geht er mit seiner Freundin Susi ins Kino. Um Mitternacht ist er immer zu Hause. Er ist müde und geht ins Bett.
>
> Gute Nacht, Franz, schlaf gut!

Antworte. Schreib die Antworten auch in dein Heft.

1. Wann steht Franz auf?
2. Was macht er nach dem Frühstück?
3. Um wie viel Uhr isst er zu Mittag?
4. Was macht er um zwei Uhr?
5. Was macht er am Abend?
6. Um wie viel Uhr geht er schlafen?

einhundertsiebzehn

schreiben

Modul 3 Training

9 Du bekommst eine E-Mail von Martha aus Frankfurt.

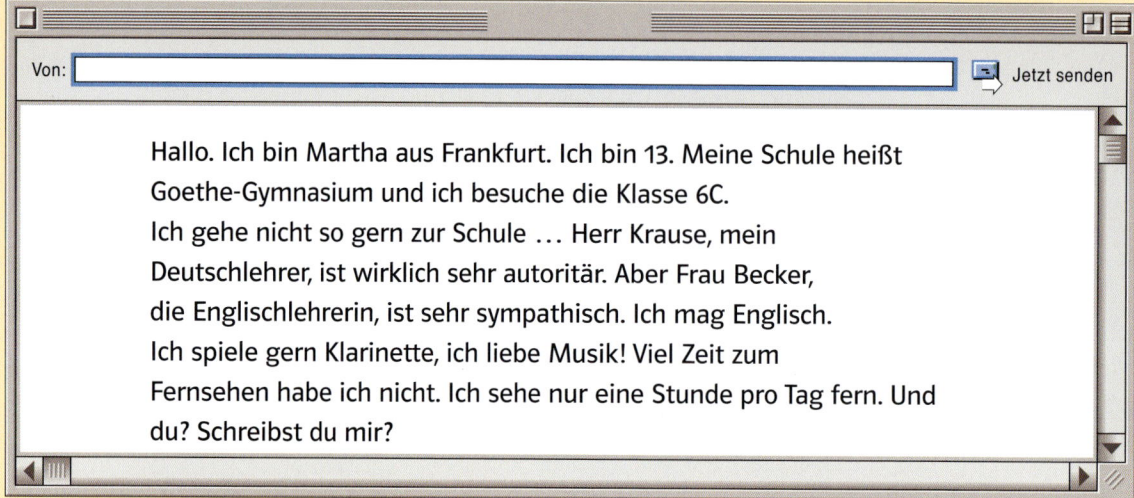

Hallo. Ich bin Martha aus Frankfurt. Ich bin 13. Meine Schule heißt Goethe-Gymnasium und ich besuche die Klasse 6C.
Ich gehe nicht so gern zur Schule … Herr Krause, mein Deutschlehrer, ist wirklich sehr autoritär. Aber Frau Becker, die Englischlehrerin, ist sehr sympathisch. Ich mag Englisch.
Ich spiele gern Klarinette, ich liebe Musik! Viel Zeit zum Fernsehen habe ich nicht. Ich sehe nur eine Stunde pro Tag fern. Und du? Schreibst du mir?

Was stimmt?

1. Martha geht gern in die Schule.
2. Sie mag Herrn Krause.
3. Sie mag Frau Becker.
4. Sie hat viel Zeit zum Fernsehen.

10 Deine Antwort.

Schreib Martha eine E-Mail, circa 50 Wörter. Schreib in dein Heft.

Hallo Martha,
vielen Dank für deine E-Mail.

Ich heiße …

118 einhundertachtzehn

sprechen

11 Bildet Gruppen.
Zieht eine Karte zum Thema
„Was isst du in der Pause?".
Sprecht zu zweit wie im Beispiel.

Karte: *Hamburger, Cola*

Mögliche Frage: *Was nimmst du?*

Mögliche Antwort: *Ich nehme einen Hamburger und trinke eine Cola.*

Beispiel:

12 Bildet Gruppen.
Zieht eine Karte, zum Beispiel „Hausaufgaben".
Sprecht zu zweit wie im Beispiel.

Thema: *Alltag*

Karte: *Hausaufgaben*

Mögliche Frage: *Wann machst du Hausaufgaben?*

Mögliche Antwort: *Von 14.00 bis 16.00 Uhr.*

Beispiel:

Thema: **Alltag**   1

Haus-aufgaben

13 Spielt den Dialog: Fragt und antwortet.

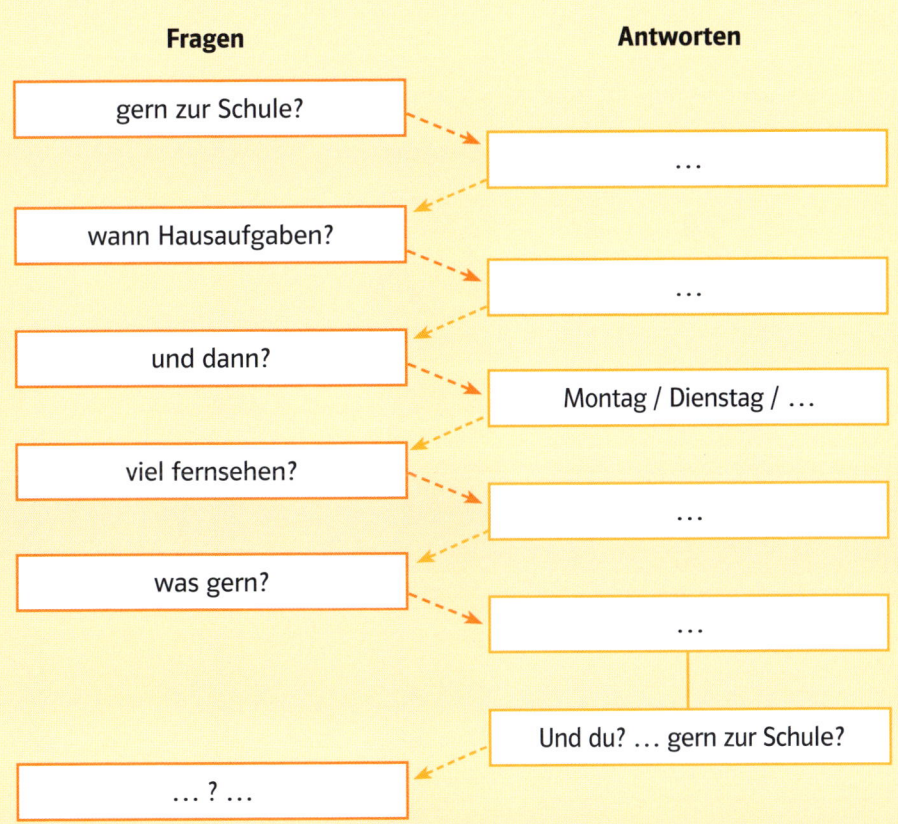

einhundertneunzehn **119**

Grammatik

1. Verben: Präsens (3)

Schau die Tabelle an.

		essen	nehmen	sehen	geben	fahren	
1.	ich	esse	nehme	sehe	gebe	fahre	Singular
2.	du	isst	nimmst	siehst	gibst	fährst	
3.	er, sie, es	isst	nimmt	sieht	gibt	fährt	
1.	wir	essen	nehmen	sehen	geben	fahren	Plural
2.	ihr	esst	nehmt	seht	gebt	fahrt	
3.	sie	essen	nehmen	sehen	geben	fahren	
4.	Sie	essen	nehmen	sehen	geben	fahren	

● essen, nehmen, sehen, geben, fahren = unregelmäßige Verben
Auch „sprechen" ist unregelmäßig (siehe Grammatik Seite 83).

Ergänze die Regel:

Die unregelmäßigen Verben haben einen anderen Vokal in der ● und ● Person.

Beachte: essen: du **isst**   nehmen: du ni**mm**st
er, sie, es **isst**   er, sie, es ni**mm**t

TIPP: Lern: ich esse – du isst, ich nehme – du nimmst, ich sehe – du siehst, ich gebe – du gibst, ich fahre – du fährst

● fahren ↔ gehen

fahren:     gehen:

2. Plural

Lies die Tabelle mit den Pluralformen.

-er	das Kind – die Kind**er** das Bild – die Bild**er**	¨er	das Buch – die B**ü**ch**er** das Glas – die Gl**ä**s**er** das Haus – die H**äu**s**er**	
-e	das Heft – die Heft**e** das Lineal – die Lineal**e** der Bleistift – die Bleistift**e** der Freund – die Freund**e**	¨e	der Stuhl – die St**ü**hl**e** der Schrank – die Schr**ä**nk**e** die Wurst – die W**ü**rst**e** der Sohn – die S**ö**hn**e**	
-n	die Tasche – die Tasche**n** die Schere – die Schere**n**			
-en	die Frau – die Frau**en** der Herr – die Herr**en**	-nen	die Freundin – die Freundin**nen** die Lehrerin – die Lehrerin**nen**	
–	der Lehrer – die Lehrer der Spitzer – die Spitzer das Märchen – die Märchen	¨	der Apfel – die **Ä**pfel der Garten – die G**ä**rten der Bruder – die Br**ü**der	
-s	das Foto – die Foto**s** das Auto – die Auto**s** der Radiergummi – die Radier- gummi**s**			

TIPP: Lern Substantive immer mit der Pluralform, also: das Kind – die Kinder, der Stuhl – die Stühle, das Foto – die Fotos, …

3. Das Verb *brauchen*

a. Lies die Beispiele.

Ich **brauche** einen Spitzer.
Ich **brauche** meine Freunde.

b. Übersetze die Beispiele in deine Sprache. Wie übersetzt du „Ich brauche"?

● „brauchen" steht mit Akkusativ (siehe Abschnitt 4).

4. Nominativ und Akkusativ (2)

a. Lies das Beispiel. Übersetze es. Such das Subjekt. Such das Objekt.

Wo ist **der** Kanarienvogel? Maria sucht **den** Kanarienvogel.

Ergänze die Regel:

Das Subjekt ist im ●; das Objekt ist im ●.

Beachte: Der Artikel zeigt den Akkusativ, nicht das Subjekt.

b. Lies die Tabelle.

	m	f	n	Plural	
bestimmter Artikel	der	die	das	die	Nominativ
unbestimmter Artikel	ein	eine	ein	–	
bestimmter Artikel	**den**	die	das	die	Akkusativ
unbestimmter Artikel	**einen**	eine	ein	–	

Ergänze die Regel:

Nur Artikel ● hat eine besondere Form im Akkusativ.

c. Lies laut.

● Was hast du im Mäppchen?
● ● Kugelschreiber, zwei Bleistifte, ● Spitzer, ● Lineal und ● Schere.
● Gibst du mir bitte mal ● Kugelschreiber, ● Lineal und ● Schere?

5. Negation: *nicht, kein* (2)

a. Lies die Beispiele. Vergleiche die Beispiele mit „ein / kein" und mit „nicht".

ein… / kein…

- Möchtest du **einen** Joghurt?
- Nein, ich möchte **keinen** Joghurt.

- Magst du Schokolade?
- Nein, ich mag **keine** Schokolade.

- Hast du Geschwister?
- Nein, ich habe **keine**.

nicht

- Brauchst du den Spitzer?
- Nein, ich brauche den Spitzer **nicht**, ich brauche das Lineal.

- Findest du das Buch interessant?
- Nein, ich finde das Buch **nicht** interessant.

- Was machst du? Lernst du?
- Nein, ich lerne **nicht**, ich lese.

b. Übersetze die Beispiele in deine Sprache. Wie übersetzt du „kein…" / „nicht"?

c. Lies laut.

Alles nur negativ!
- Gehst du gern in die Schule? – ● Nein, ● gern. Deutsch und Mathematik mag ich überhaupt ●. Ich male ● gern, ich singe ● gern, ich lerne ● gern. Leider habe ich auch ● Freunde und ● Haustiere. Ich finde das Leben ● schön, sondern ziemlich langweilig.

Jetzt sag alles positiv: ● Gehst du gern in die Schule? – ● Ja, …

6. Personalpronomen (3)

a. Lies die Beispiele und vergleiche.

Singular:
Der Film spielt heute Abend, **er** ist aber sehr lang. (Nominativ)
Wie findest du **den** Film? – Ich finde **ihn** spannend. (Akkusativ)

Die Sportschau ist toll. **Sie** fängt um 20.15 Uhr an. (Nominativ)
Ich sehe **die** Sportschau jeden Tag, ich sehe **sie** sehr gern. (Akkusativ)

Das Kinderprogramm ist um 15.00 Uhr. **Es** ist wirklich lustig. (Nominativ)
Wie findest du **das** Kinderprogramm? – Ich finde **es** nicht lustig. (Akkusativ)

Plural:
Die Nachrichten sind informativ. **Sie** sind leider kurz. (Nominativ)
Siehst du manchmal **die** Tagesthemen? Ich sehe **sie** oft. (Akkusativ)

b. Lies die Tabelle.

	m	f	n	Plural
Nominativ	er	sie	es	sie
Akkusativ	**ihn**	sie	es	sie

Ergänze die Regel:

Nur Personalpronomen ● hat eine besondere Form im Akkusativ.

c. Lies laut.

Kennst du ● Film *Der Sheriff von Texas?* Ich finde ● toll.
Wo ist meine Gitarre? Ich brauche ● .
Das also ist dein Zimmer! Ich finde ● sehr gemütlich.

7. es gibt

a. Lies die Beispiele.

Was **gibt es** im Fernsehen? – **Es gibt** einen Zeichentrickfilm.
An der Wurstbude **gibt es** auch Pommes frites.

b. Übersetze die Beispiele in deine Sprache. Wie übersetzt du „es gibt"?

● „es gibt" steht mit Akkusativ (siehe Abschnitt 4).

8. Die Uhrzeit

a. Lies die Beispiele.

Die offizielle Uhrzeit:
(im Radio, im Fernsehen, am Flughafen)

13.00 Uhr: Es ist dreizehn Uhr.
13.10 Uhr: Es ist dreizehn Uhr zehn.
13.15 Uhr: Es ist dreizehn Uhr fünfzehn.
13.20 Uhr: Es ist dreizehn Uhr zwanzig.
13.25 Uhr: Es ist dreizehn Uhr fünfundzwanzig.
13.30 Uhr: Es ist dreizehn Uhr dreißig.

13.35 Uhr: Es ist dreizehn Uhr fünfunddreißig.
13.40 Uhr: Es ist dreizehn Uhr vierzig.
13.45 Uhr: Es ist dreizehn Uhr fünfundvierzig.
13.50 Uhr: Es ist dreizehn Uhr fünfzig.
13.55 Uhr: Es ist dreizehn Uhr fünfundfünfzig.
14.00 Uhr: Es ist vierzehn Uhr.

Man sagt privat:

Es ist ~~eins~~ Uhr.
Es ist **ein** Uhr.
Es ist zehn **nach** ein**s**.
Es ist **Viertel nach** ein**s**.
Es ist zehn **vor halb** zwei.
Es ist fünf **vor halb** zwei.
Es ist **halb** zwei.

Es ist fünf **nach halb** zwei.
Es ist zehn **nach halb** zwei.
Es ist **Viertel** vor zwei.
Es ist zehn **vor** zwei.
Es ist fünf **vor** zwei.
Es ist **zwei** Uhr.

b. Uhrzeit offiziell – Uhrzeit privat: Was ist der Unterschied?
   Gibt es in deiner Sprache auch einen Unterschied?

Beachte: • Uhr: = 🕐 die Uhr – die Uhren (die Küchenuhr, die Swatch-Uhr, …)
= Es ist 5.00 Uhr. (Uhrzeit)

• 1 Stunde = 60 Minuten; eine halbe Stunde = 30 Minuten;
zwei Stunden = 120 Minuten

c. Lies laut.

Um 8.00 • fängt die Schule an. Der Unterricht dauert sechs •.
Zwei • Mathe, zwei • Deutsch, eine • Musik und eine • Sport.
Um 14.00 • ist die Schule aus.

d. Übersetze die Sätze in c. Wie sagst du „Uhr" und „Stunde" in deiner Sprache?

9. Temporal-Ergänzung mit *um, am*

a. Lies die Beispiele.

wann?

Uhrzeit: Ich stehe **um** 7.00 Uhr auf.
Tag: **Am** Sonntag gehe ich nicht in die Schule.
Tageszeit: **Am** Abend sehe ich oft fern.

● am = an dem

b. Lies laut.

● Montag, ● Dienstag und ● Mittwoch steht Tina schon ● 7.00 Uhr auf.
● Samstag hat sie frei. Da steht sie erst ● 9.00 Uhr auf. ● Vormittag lernt sie für die Klassenarbeit, ● Nachmittag geht sie mit Brigitte ins Kino.
● 18.00 Uhr ist sie wieder zu Hause.

10. Temporale Fragewörter

Lies laut. Welches Fragewort passt?

Wann …?
Um wie viel…?
Wie viel …?
Wie spät …?
Wie lange …?

● Uhr ist es? – Es ist 5.00 Uhr.
● kommst du? – Am Sonntag.
● Uhr beginnt die Schule? – Um 8.00 Uhr.
● dauert die Fahrt? – Drei Stunden.
● ist es jetzt? – 15.00 Uhr.

Beachte: **Wie viel Uhr** ist es? = **Wie spät** ist es?
Um wie viel Uhr kommst du? = **Wann** kommst du?

11. Trennbare Verben

Viele Verben haben ein Präfix.

stehen + auf	→	**auf**stehen
sehen + fern	→	**fern**sehen
fahren + zurück	→	**zurück**fahren
fangen + an	→	**an**fangen
rufen + an	→	**an**rufen

Im Infinitiv steht das Präfix vorn.

a. Lies die Beispiele. Warum heißen diese Verben „trennbare Verben"?

Ich **stehe** um 7.00 Uhr **auf**.
Ich **sehe** heute Abend **fern**.
Ich **fahre** nach Hause **zurück**. } Aussagesatz
Der Film **fängt** um 20.00 Uhr **an**.
Tina **ruft** Brigitte **an**.

Wann **fängt** der Film **an**?
Um wie viel Uhr **kommst** du **zurück**? } W-Frage: Frage mit Fragewort

Siehst du heute Abend **fern**?
Rufst du ihn morgen **an**? } Ja /Nein-Frage

Beachte: „frühstücken" ist kein trennbares Verb:
Zuerst geht sie ins Bad, dann **frühstückt** sie.

TIPP: Lern: aufstehen – er steht auf, anrufen – er ruft an, …

b. Gibt es auch trennbare Verben in deiner Sprache?

12. Die Fragewörter *wo?*, *wohin?* und die Präposition *in*

a. Lies die Beispiele.

- Wo wohnt Familie Weigel?
- In Augsburg.

- Wohin geht Tina? →
  - **In den** Tennisclub.
  - **In die** Schule.
  - **Ins** Schwimmbad.

- ins: = in + das

b. Lies laut.

Heute kommt Stefan um 13.00 Uhr nach Hause. Zuerst geht er ● Küche, isst und trinkt etwas. Dann geht er ● Wohnzimmer und macht Hausaufgaben. Später geht er ● Garten und spielt mit Mautzi.

Lösungen für ●:

1. Die unregelmäßigen Verben haben einen anderen Vokal in der 2. und 3. Person.
2. Das Subjekt ist im **Nominativ**, das Objekt ist im **Akkusativ**.
3. Nur Artikel **maskulin** hat eine besondere Form im Akkusativ.
4. Was hast du im Mäppchen? – **Einen** Kugelschreiber, zwei Bleistifte, **einen** Spitzer, **ein** Lineal und **eine** Schere. – Gibst du mir bitte mal **den** Kugelschreiber, **das** Lineal und **die** Schere?
5. **Negativ:** Gehst du gern in die Schule? – Nein, **nicht**, **nicht** gern. Deutsch und Mathematik mag ich überhaupt **nicht**. Ich male **nicht** gern, ich singe **nicht** gern, ich lerne **nicht** gern. Leider habe ich auch **keine** Freunde und **keine** Haustiere. Ich finde das Leben **nicht** schön, sondern ziemlich langweilig.
   Positiv: Gehst du gern in die Schule? – Ja, gern. Deutsch und Mathematik mag ich sehr. Ich male gern, ich singe gern, ich lerne gern. Ich habe viele Freunde und auch Haustiere. Ich finde das Leben schön.
6. Nur Personalpronomen **maskulin** hat eine besondere Form im Akkusativ.
7. Kennst du **den** Film *Der Sheriff von Texas*? Ich finde **ihn** toll. Wo ist meine Gitarre? Ich brauche **sie**. Das also ist dein Zimmer! Ich finde **es** sehr gemütlich.
8. Um 8.00 **Uhr** fängt die Schule an. Der Unterricht dauert sechs **Stunden**. Zwei **Stunden** Mathe, zwei **Stunden** Deutsch, eine **Stunde** Musik und eine **Stunde** Sport. Um 14.00 **Uhr** ist die Schule aus.
9. **Am** Montag, **am** Dienstag und **am** Mittwoch steht Tina schon **um** 7.00 Uhr auf. **Am** Samstag hat sie frei. Da steht sie erst **um** 9.00 Uhr auf. **Am** Vormittag lernt sie für die Klassenarbeit, **am** Nachmittag geht sie mit Brigitte ins Kino. **Um** 18.00 Uhr ist sie wieder zu Hause.
10. **Wie viel** Uhr ist es? – **Wann** kommst du? – **Um wie viel** Uhr beginnt die Schule? – **Wie lange** dauert die Fahrt? – **Wie spät** ist es jetzt?
11. Zuerst geht er **in die** Küche, isst und trinkt etwas. Dann geht er **ins** Wohnzimmer und macht Hausaufgaben. Später geht er **in den** Garten und spielt mit Mautzi.

Teste dein Deutsch!
Wortschatz und Grammatik

1 Notier 5 Schulsachen.

2 Hier sind 3 Wörter versteckt. Erkennst du sie?

fachlingslieb   gesabtalauf   kufilmtarmendo

3 Wie heißen die Wochentage?

4 Wie heißen die Pluralformen?

der Bleistift – die •••, die Schere – die •••, der Stuhl – die •••, die Freundin – die •••, der Lehrer – die •••, das Foto – die •••, das Buch – die •••

5 Was passt zusammen?

... Fernseh-   der Film
... Sport-   das Programm
... Dokumentar-   die Show
... Kultur-   die Schau
... Spiel-   die Serie
... Talk-   die Nachrichten

6 Was passt hier?

Petra Bauer steht jeden Morgen ... **1** ... 6.00 Uhr auf. Zuerst geht sie ... **2** ... Bad, dann geht sie ... **3** ... Küche und frühstückt. Sie nimmt ... **4** ... Bus und ... **5** ... zur Arbeit. Sie arbeitet acht ... **6** ... Zweimal in der Woche geht sie in ... **7** ... Spanischkurs. Manchmal geht sie mit einer Freundin ... **8** ... Filmclub oder ... **9** ... Café. Aber sie bleibt auch gern ... **10** ... Hause und hört Musik.

1 um am	**2** in den ins	**3** in die in den	**4** der den	**5** fahrt fährt
6 Uhr Stunden	**7** ein einen	**8** in den ins	**9** ins in	**10** im zu

Selbstkontrolle

▶ Lösungen auf Seite 132

Du hast ...
... maximal 4 Fehler: SEHR GUT! Mach weiter so!
... 5 bis 8 Fehler: noch o.k. Aber du kannst es besser!
... mehr als 8 Fehler: Wiederhol die Übungen von Modul 3.

einhundertneunundzwanzig

Meine Grammatikbegriffe

Grammatikbegriff	Mein Beispiel	Meine Sprache
Buchstabe		
Vokal		
Konsonant		
Umlaut		
Wort		
Fragewort		
Satz		
Aussagesatz		
W-Frage		
Ja/Nein-Frage		
Verb		
Infinitiv		
Verbstamm		
Personen-Endungen		
regelmäßiges Verb		
unregelmäßiges Verb		
trennbares Verb		
nicht trennbares Verb		
Präsens		
Negation		

Grammatikbegriff	Mein Beispiel	Meine Sprache
Substantiv		
Artikel		
bestimmter Artikel		
unbestimmter Artikel		
Possessiv-Artikel		
maskulin		
feminin		
neutral		
Singular		
Plural		
Nominativ		
Akkusativ		
Subjekt		
Ergänzung		
Personalpronomen		
du-Form		
Sie-Form		
Temporal-Ergänzung		
Präposition		
Adverb		
Adjektiv		

Teste dein Deutsch! - Lösungen
Wortschatz und Grammatik

Modul 1

1. Zum Beispiel: der Opa, die Oma, der Vater, die Mutter, der Onkel, die Tante, der Bruder, die Schwester
2. Zum Beispiel: Stefan, Tina, Martin, Hans, Karin; München, Köln, Hamburg, Stuttgart, Augsburg
3. Sie / Er ist nett, blöd, doof, sympathisch, streng.
4. Tobias, wie ist deine Adresse? Wie alt bist du? Hast du Geschwister?
5. Frau Bauer, wo wohnen Sie? Wie ist Ihre Telefonnumer?
6. 1: heiße, 2: bin, 3: sind, 4: Meine, 5: mein, 6: meine, 7: mein, 8: Meine, 9: ist, 10: ist, 11: heißt, 12: wohnen, 13: liegt, 14: von, 15: wohnt, 16: sind

Modul 2

1. Zum Beispiel: der Hamster, die Katze, der Kanarienvogel, der Hund, der Goldfisch
2. Zum Beispiel: das Wohnzimmer, das Schlafzimmer, das Arbeitszimmer, die Küche, das Bad
3. Zum Beispiel:
   Deutschland – Deutsch; Österreich – Deutsch; die Schweiz – Deutsch, Italienisch, Französisch; Griechenland – Griechisch; Polen – Polnisch; Türkei – Türkisch
4. Zum Beispiel:
   Wo wohnt Familie Weigel? – Sie wohnt in Augsburg.
   Woher kommen Sie, Herr Martinez? – Ich komme aus Spanien.
   Was möchtest du trinken? – Ein Glas Limonade.
   Wie ist dein Schlafzimmer? – Es ist klein und gemütlich.
   Wer ist das? – Das ist Andrea.
5. Pluralformen: die Äpfel, die Würste, die Kanarienvögel
6. 1: Mein, 2: ein, 3: einen, 4: zwei, 5: kein, 6: zwei, 7: einen, 8: -, 9: aus, 10: arbeitet, 11: in, 12: spricht, 13: möchte, 14: keine

Modul 3

1. Zum Beispiel: das Mäppchen, die Landkarte, das Buch, das Heft, das Lineal
2. Lieblingsfach, Tagesablauf, Dokumentarfilm
3. Montag, Dienstag, Mittwoch, Donnerstag, Freitag, Samstag, Sonntag
4. die Bleistifte, die Scheren, die Stühle, die Freundinnen, die Lehrer, die Fotos, die Bücher
5. der Fernsehfilm, das Fernsehprogramm, die Fernsehnachrichten, die Fernsehserie, die Sportschau, der Dokumentarfilm, das Kulturprogramm, der Spielfilm, die Talkshow
6. 1: um, 2: ins, 3: in die, 4: den, 5: fährt, 6: Stunden, 7: einen, 8: in den, 9: ins, 10: zu Hause

Trackliste Audios

Track	Übung	Inhalt
Modul 1: Ich, du, wir …		
Lektion 1: Hallo!		
1	1	Was sagen sie?
2	6	Wer ist das?
3	7	Hör noch einmal Übung 6 und sprich nach.
4	8	Hör die Zahlen und sprich nach.
5	10	Hör die Zahlen und sprich nach.
6	11	Welche Zahlen hörst du?
7	12	Was sagen sie?
8	18	Wer sind sie? Wie alt sind sie?
9	Aussprache:	Hör gut zu und sprich nach.
10	Wir singen:	Hallo, Leute
Lektion 2: Das ist meine Familie		
11	1	Was sagt Tina?
12	11	Was gehört zusammen?
13	Aussprache:	Hör gut zu und sprich nach.
14	Wir singen:	Tante Frieda, Onkel Franz
Lektion 3: Hast du Geschwister?		
15	1	Was antworten sie?
16	6	Welche Zahlen hörst du?
17	Arbeitsbuch Übung 5:	Welche Zahlen hörst du?
18	Arbeitsbuch Übung 6:	Wie sind die Telefonnummern?
19	9	Die Kinder fragen die Lehrerin.
20	12	Interview: Wer ist das?
21	Arbeitsbuch Übung 11:	Wer ist das?
22	Aussprache:	Hör gut zu und sprich nach.
23	Wir singen:	Hast du Geschwister?

Track	Übung	Inhalt
Lektion 4: Wo wohnt ihr?		
24	1	Was fragt sie? Was antwortet Stefan?
25	5	Was fragt die Reporterin? Was antwortet Tina?
26	10	Wie alt sind sie? Wo wohnen sie? Haben sie Geschwister?
27	11	Wie ist die E-Mail-Adresse?
28	12	Hör noch einmal Übung 11 und sprich nach.
29	Aussprache:	Hör gut zu und sprich nach.
30	Wir singen:	Wohnst du vielleicht in München?
Modul 1: Wir trainieren		
31	1	Interview 1
32	2	Interview 2
33	3	Interview 3
Modul 2: Bei uns zu Hause		
Lektion 1: Das Haus von Familie Weigel		
34	1	Hör zu.
35	2	Hör noch einmal und sprich nach.
36	5	Hör zu und sprich nach.
37	15	Welche Adjektive hörst du?
38	Arbeitsbuch Übung 10:	Was gehört zusammen?
39	Aussprache:	Hör gut zu und sprich nach.
40	Wir singen:	Na, was ist denn das?
Lektion 2: Ein Besuch		
41	1	Was sagen sie?
42	Arbeitsbuch Übung 3:	Was antworten sie?
43	Arbeitsbuch Übung 10:	Was trinken sie?
44	Aussprache:	Hör gut zu und sprich nach.
45	Wir singen:	Hallo, Jakob!

einhundertdreiunddreißig

Trackliste Audios

Track	Übung	Inhalt
Modul 2: Bei uns zu Hause		
Lektion 3: Mautzi, unsere Katze		
46	1	Was sagen sie?
47	3	Hör noch einmal Text 1.
48	5	Wie heißen die Tiere? Hör zu und sprich nach.
49	7	Welches Tier hörst du?
50	15	Was für Tiere haben sie?
51	Arbeitsbuch Übung 13:	Wie heißen die Tiere?
52	17	Rotkäppchen: Ist deine Reihenfolge richtig? Vergleiche.
53	Aussprache:	Hör gut zu und sprich nach.
54	Wir singen:	Hast du Tiere?
Lektion 4: Die Nachbarn von Familie Weigel		
55	11	Interviews: Wer ist das?
56	Arbeitsbuch Übung 10:	Interviews
57	Aussprache:	Hör gut zu und sprich nach.
58	Wir singen:	Sprechen Sie ein bisschen Deutsch?
Modul 2: Wir trainieren		
59	1	Welche Frage passt zu welcher Antwort?
60	2	Interview 1
61	3	Interview 2
Modul 3: Alltägliches		
Lektion 1: Was isst du in der Pause?		
62	1	Was sagen sie?
63	3	Hör zu und sprich nach.
64	10	Was essen und trinken sie?
65	11	Die Wurstbude
66	Intonation:	Hör gut zu und sprich nach.
67	Wir singen:	Keinen Apfel, bitte!

Track	Übung	Inhalt
Lektion 2: Meine Schulsachen		
68	1	Hör zu und sprich nach.
69	8	Wie viele Bücher hat Stefan in seiner Schultasche?
70	16	Welche Fächer mag Tina?
71	Arbeitsbuch Übung 13:	Welche Fächer mag Sebastian?
72	Intonation:	Hör gut zu und sprich nach.
73	Wir singen:	Hast du alles mit?
Lektion 3: Was gibt es im Fernsehen?		
74	6	Zur Kontrolle: Hör zu und sprich nach.
75	10	Uhrzeiten offiziell: Hör zu und sprich nach.
76	14	Wann beginnen die Sendungen?
77	Arbeitsbuch Übung 13:	Wie viel Uhr ist es?
78	Intonation:	Hör gut zu und sprich nach.
Lektion 4: Um wie viel Uhr stehst du auf?		
79	1	Uhrzeiten privat: Hör zu und sprich nach
80	Arbeitsbuch Übung 2:	Wie spät ist es?
81	Wir singen:	Was machst du um sieben Uhr?
82	9	Wohin geht Stefan diese Woche?
83	12	Interview mit Martina
84	Intonation:	Hör gut zu und sprich nach.
85	Arbeitsbuch Übung 16:	Klaus lädt Susi ein.
Modul 3: Wir trainieren		
86	1	Interview 1
87	2	Interview 2
88	3	Eva spricht auf dem Anrufbeantworter.
89	4	Timo spricht auf dem Anrufbeantworter.
90	5	Interview mit Klaus

Gesamtdauer: 76:00 Minuten

Bildquellen

U1 iStockphoto, MaszaS • **Karte** Fotosearch • **9.1** iStockphoto (Yuri), Calgary, Alberta • **9.2** shutterstock (Steshkin Yevgeniy), New York NY • **9.3** shutterstock (Andre Blais), New York NY • **9.4** shutterstock (OLJ Studio), New York NY • **10.2** iStockphoto (snapphoto), Calgary, Alberta • **12.1** shutterstock (Monkey Business Images), New York NY • **12.2** shutterstock (Monkey Business Images), New York NY • **12.3** iStockphoto (Neustockimages), Calgary, Alberta • **12.4** iStockphoto (ozgurdonmaz), Calgary, Alberta • **16.1** iStockphoto (naphtalina), Calgary, Alberta • **16.2** shutterstock (Andreas Saldavs), New York NY • **16.4** iStockphoto (knape), Calgary, Alberta • **16.5** shutterstock (oliveromg), New York NY • **22.1** iStockphoto (naphtalina), Calgary, Alberta • **22.5** shutterstock (oliveromg), New York NY • **22.6** iStockphoto (knape), Calgary, Alberta • **22.7** shutterstock (Andreas Saldavs), New York NY • **23.1** shutterstock (Goodluz), New York NY • **23.2** shutterstock (Mila Supinskaya), New York NY • **23.3** shutterstock (StockLite), New York NY • **23.4** shutterstock (Pressmaster), New York NY • **24.1** iStockphoto (DaydreamsGirl), Calgary, Alberta • **24.2** shutterstock (Goodluz), New York NY • **24.3** shutterstock (Jacek Chabraszewski), New York NY • **29.1** ©Jan Schuler / fotolia.com • **29.2** © ArTo / fotolia.com • **29.3** shutterstock (Peter Zachar), New York NY • **29.4** © Max Diesel / fotolia.com • **29.5** © Circumnavigation / fotolia.com • **30.1** © ArTo / fotolia.com • **30.3** © Circumnavigation / fotolia.com • **30.4** shutterstock (Peter Zachar), New York NY • **30.5** © Max Diesel / fotolia.com • **30.6** ©Jan Schuler / fotolia.com • **34.1** iStockphoto (SergiyN), Calgary, Alberta • **34.2** iStockphoto (gbh007), Calgary, Alberta • **34.3** shutterstock (vgstudio), New York NY • **35.1** shutterstock (Monkey Business Images), New York NY • **35.2** shutterstock (Monkey Business Images), New York NY • **36.1** iStockphoto (gchutka), Calgary, Alberta • **46.1** iStockphoto (photobac), Calgary, Alberta • **46.2** shutterstock (Photobac), New York NY • **46.3** iStockphoto (Ilexlmage), Calgary, Alberta • **46.4** iStockphoto (tiler84), Calgary, Alberta • **46.5** shutterstock (Sashkin), New York NY • **46.6** shutterstock (Oleksiy Mark), New York NY • **46.7** shutterstock (monika3steps), New York NY • **46.8** shutterstock (Verdateo), New York NY • **46.9** iStockphoto (DNY59), Calgary, Alberta • **46.10** shutterstock (Irina Nartova), New York NY • **48.1** shutterstock (Oleksiy Mark), New York NY • **48.2** iStockphoto (DNY59), Calgary, Alberta • **48.3** shutterstock (Sashkin), New York NY • **48.4** shutterstock (Irina Nartova), New York NY • **48.5** iStockphoto (photobac), Calgary, Alberta • **48.6** iStockphoto (tiler84), Calgary, Alberta • **48.7** shutterstock (Photobac), New York NY • **48.8** iStockphoto (Ilexlmage), Calgary, Alberta • **48.9** iStockphoto (tiler84), Calgary, Alberta • **48.10** shutterstock (Irina Nartova), New York NY • **48.11** shutterstock (monika3steps), New York NY • **48.12** shutterstock (Photobac), New York NY • **48.13** iStockphoto (Ilexlmage), Calgary, Alberta • **48.14** iStockphoto (photobac), Calgary, Alberta • **48.15** shutterstock (Oleksiy Mark), New York NY • **48.16** shutterstock (monika3steps), New York NY • **48.17** iStockphoto (photobac), Calgary, Alberta • **48.18** iStockphoto (Ilexlmage), Calgary, Alberta • **48.19** shutterstock (Photobac), New York NY • **48.20** shutterstock (Oleksiy Mark), New York NY • **54.1** shutterstock (Gyorgy Barna), New York NY • **54.2** shutterstock (Fotofermer), New York NY • **54.3** shutterstock (Evgeny Karandaev), New York NY • **54.4** shutterstock (Vitaly Korovin), New York NY • **55.1** shutterstock (Serg64), New York NY • **55.2** shutterstock (Fotofermer), New York NY • **55.3** shutterstock (MaraZe), New York NY • **55.4** shutterstock (Pakhnyushcha), New York NY • **55.5** shutterstock (Evgeny Karandaev), New York NY • **56.1** shutterstock (Vitaly Korovin), New York NY • **56.2** shutterstock (Fotofermer), New York NY • **56.3** shutterstock (Evgeny Karandaev), New York NY • **56.4** shutterstock (Gyorgy Barna), New York NY • **59.1** shutterstock (Eric Isselee), New York NY • **59.2** shutterstock (Marina Khlybova), New York NY • **59.3** iStockphoto (GlobalP), Calgary, Alberta • **59.4** shutterstock (Vangert), New York NY • **59.5** shutterstock (withGod), New York NY • **59.6** shutterstock (Erik Lam), New York NY • **59.7** shutterstock (Tsekhmister), New York NY • **59.8** shutterstock (Jian Hongyan), New York NY • **59.9** shutterstock (vovan), New York NY • **59.10** shutterstock (Tracy Starr), New York NY • **62.1** shutterstock (Galayko Sergey), New York NY • **62.2** shutterstock (Volosina), New York NY • **62.3** shutterstock (Olga Popova), New York NY • **62.4** shutterstock (Roman Samokhin), New York NY • **62.5** shutterstock (kamnuan), New York NY • **62.6** shutterstock (briam), New York NY • **62.7** shutterstock (kamnuan), New York NY • **62.8** shutterstock (luchschen), New York NY • **62.9** shutterstock (Evgeny Karandaev), New York NY • **62.10** shutterstock (Vikulin), New York NY • **62.11** shutterstock (Iakov Filimonov), New York NY • **62.12** iStockphoto (GlobalStock), Calgary, Alberta • **62.13** shutterstock (Bradley Hebdon), New York NY • **64.1** shutterstock (Lynn Currie), New York NY • **64.2** shutterstock (vovan), New York NY • **64.3** shutterstock (Vangert), New York NY • **64.4** shutterstock (Marina Khlybova), New York NY • **64.5** shutterstock (Eric Isselee), New York NY • **64.6** shutterstock (Olga Popova), New York NY • **64.7** shutterstock (Fotofermer), New York NY • **64.8** shutterstock (kamnuan), New York NY • **64.9** shutterstock (briam), New York NY • **64.10** shutterstock (kamnuan), New York NY • **64.11** shutterstock (Evgeny Karandaev), New York NY • **64.12** shutterstock (Roman Samokhin), New York NY • **64.13** shutterstock (luchschen), New York NY • **64.14** Shutterstock (Volosina), New York NY • **64.15** shutterstock (Tsekhmister), New York NY • **64.16** shutterstock (Galayko Sergey), New York NY • **67.1** © Max Diesel – Fotolia.com • **67.2** Shutterstock (Peter Zachar), New York NY • **67.3** Shutterstock (manfredxy), New York NY • **67.4** Shutterstock (Matthew Dixon),New York NY • **67.5** © Jan Schuler – Fotolia.com • **68.1** iStockphoto (bowdenimages), Calgary, Alberta • **68.2** shutterstock (Iakov Filimonov), New York NY • **68.3** shutterstock (AVAVA), New York NY • **68.4** shutterstock (Suzanne Tucker), New York NY • **68.5** shutterstock (auremar), New York NY • **68.6** shutterstock (michaeljung), New York NY • **70.1** shutterstock (oliveromg), New York NY • **70.2** iStockphoto (fstop123), Calgary, Alberta • **70.3** shutterstock (Rob Bayer), New York NY • **70.4** shutterstock (Zurijeta), New York NY • **70.5** iStockphoto (GlobalStock), Calgary, Alberta • **70.6** shutterstock (Zurijeta), New York NY • **70.7** shutterstock (goodluz), New York NY • **72.1** shutterstock (auremar), New York NY • **72.2** © luminastock / fotolia.com • **72.3** shutterstock (auremar), New York NY • **74.1** iStockphoto (TerryJ), Calgary, Alberta • **74.2** iStockphoto (kali9), Calgary, Alberta • **75.1** shutterstock (bikeriderlondon), New York NY • **75.2** shutterstock (Zurijeta), New York NY • **76.1** shutterstock (ajkkafe), New York NY • **87.1** shutterstock (Inga Nielsen), New York NY • **87.2** shutterstock (as3), New York NY • **87.3** shutterstock (Nils Z), New York NY • **87.4** iStockphoto (fotostok_pdv), Calgary, Alberta • **87.5** iStockphoto (RedHelga), Calgary, Alberta • **87.6** shutterstock (Fotofermer), New York NY • **87.7** shutterstock (Winston Link), New York NY • **87.8** iStockphoto (karandaev), Calgary, Alberta • **87.9** shutterstock (urfin), New York NY • **87.10** iStockphoto (HighImpactPhotography), Calgary, Alberta • **87.11** © rdnzl / fotolia.com • **87.12** © rdnzl / fotolia.com • **87.13** shutterstock (sosha), New York NY • **87.14** shutterstock (Evgeny Karandaev), New York NY • **87.15** © Bernd Jürgens / fotolia.com • **87.16** iStockphoto (Caziopeia), Calgary, Alberta • **88.1** iStockphoto (karandaev), Calgary, Alberta • **88.2** shutterstock (Fotofermer), New York NY • **88.3** shutterstock (sosha), New York NY • **88.4** © rdnzl / fotolia.com • **88.5** shutterstock (as3), New York NY • **88.6** © Bernd Jürgens / fotolia.com • **88.7** shutterstock (Inga Nielsen), New York NY • **88.8** iStockphoto (Caziopeia), Calgary, Alberta • **88.9** iStockphoto (fotostok_pdv), Calgary, Alberta • **88.10** shutterstock (Nils Z), New York NY • **88.11** shutterstock (Winston Link), New York NY • **88.12** © rdnzl / fotolia.com • **88.13** shutterstock (urfin), New York NY • **88.14** shutterstock (Inga Nielsen), New York NY • **88.15** iStockphoto (RedHelga), Calgary, Alberta • **88.16** shutterstock (sosha), New York NY • **89.1** shutterstock (Nils Z), New York NY • **89.2** iStockphoto (RedHelga), Calgary, Alberta • **89.3** shutterstock (Evgeny Karandaev), New York NY • **89.4** iStockphoto (karandaev), Calgary, Alberta • **89.5** © rdnzl / fotolia.com • **89.6** © rdnzl / fotolia.com • **89.7** shutterstock (sosha), New York NY • **89.8** iStockphoto (Caziopeia), Calgary, Alberta • **89.9** shutterstock (Inga Nielsen), New York NY • **89.10** shutterstock (as3), New York NY • **89.11** iStockphoto (fotostok_pdv), Calgary, Alberta • **89.12** shutterstock (Winston Link), New York NY • **91.1** iStockphoto (HighImpactPhotography), Calgary, Alberta • **91.2** © rdnzl / fotolia.com • **91.3** shutterstock (sosha), New York NY • **91.4** shutterstock (Nils Z), New York NY • **91.5** iStockphoto (dsafanda), Calgary, Alberta • **91.6** shutterstock (as3), New York NY • **91.7** shutterstock (Winston Link), New York NY • **91.8** shutterstock (Evgeny Karandaev), New York NY • **93.1** shutterstock (rvlsoft), New York NY • **93.2** shutterstock (Mark III Photonics), New York NY • **93.3** shutterstock (nito), New York NY • **93.4** shutterstock (Julian Rovagnati), New York NY • **93.5** © Ekkehard Stein / fotolia.com • **93.6** shutterstock (Kitch Bain), New York NY • **93.7** shutterstock (MTrebbin), New York NY • **93.8** shutterstock (Garsya), New York NY • **93.9** shutterstock (mistery), New York NY • **93.10** iStockphoto (onebluelight), Calgary, Alberta • **93.11** iStockphoto (DonNichols), Calgary, Alberta • **93.12** iStockphoto (dsafanda), Calgary, Alberta • **93.13** shutterstock (nito), New York NY • **93.14** shutterstock (ildogesto), New York NY • **95** iStockphoto (onebluelight), Calgary, Alberta • **96.1** shutterstock (Mark III Photonics), New York NY • **96.2** iStockphoto (dsafanda), Calgary, Alberta • **96.3** © Ekkehard Stein / fotolia.com • **96.4** shutterstock (mistery), New York NY • **96.5** shutterstock (Garsya), New York NY • **96.6** shutterstock (nito), New York NY • **101.1** iStockphoto (PinkTag), Calgary, Alberta • **101.2** Foto: NDR / Uwe Ernst • **101.3** © Monika Wisniewska / fotolia.com • **101.4** © Andrey Kiselev - Fotolia.com • **101.5** shutterstock (withGod), New York NY • **101.6** shutterstock (SasinT), New York NY • **101.7** © apfelweile / fotolia.com • **101.8** Shutterstock (Faraways), New York NY • **103.1** shutterstock (Lim Yong Hian), New York NY • **107.1** shutterstock (Lim Yong Hian), New York NY • **114.1** shutterstock (Aron Amat), New York NY • **114.2** shutterstock (Andrey Arkusha), New York NY • **120.1** shutterstock (Ecelop), New York NY • **120.2** shutterstock (KoQ Creative), New York NY • **120.3** shutterstock (Dragana Gerasimoski), New York NY • **7, 8, 11.1, 14, 16.3, 16.6-9, 20, 22.2-4, 22.8, 27, 28, 43, 44, 45, 52, 53, 55.6, 56, 58, 61, 66, 67.1, 85, 86, 90, 97, 98, 100, 102, 103.1, 106, 108, 109, 110, 111** Stephan Klonk Fotodesign, Berlin

Impressum Audios

Sprecher: Johanna Niedermüller, Hendrik van Ypsilon, Dorothea Baltzer, Cornelius Dane, Hede Beck, Manuela, Jonas, Odine, Jesse, Jonathan, Sarah und Nicole
Musik: OMNI-Mediasound; Sonoton
Gesang: Jeschi Paul
Musikal. Begleitung: Frank Rother
Produktion: Bauer Studios, Ludwigsburg; Andreas Nesic Costum Music

© Loescher Editore S.r.L., Torino, erste Ausgabe 2002, Giorgio Motta, Wir
Für die internationale Ausgabe
© 2015 Ernst Klett Sprachen GmbH, Stuttgart (erste Ausgabe 2003)

Alle Rechte vorbehalten.